프리다이빙 롱거 앤 디퍼

Longer and Deeper

당신의 프리다이빙을 향상시키기 위한 교차 트레이닝 방법

Copyright Apnea Korea
All right reserved.

프리다이빙 롱거 앤 디퍼 Longer and Deeper
당신의 프리다이빙을 향상시키기 위한 교차 트레이닝 방법

초판 1쇄 발행 2022년 7월 1일
2쇄 발행 2022년 12월 16일

지은이 얍 벌바스
옮긴이 김봉재
펴낸이 장현수
펴낸곳 메이킹북스
출판등록 제 2019-000010호

디자인 김지혜
편집 김한솔
교정 안지은
마케팅 장윤정

주소 서울특별시 구로구 경인로 661. 핀포인트타워 912-914호
전화 02-2135-5086
팩스 02-2135-5087
이메일 making_books@naver.com
홈페이지 www.makingbooks.co.kr

ISBN 979-11-6791-193-3(13690)
값 28,000원

ⓒ Apnea Korea 2022 Printed in Korea

잘못된 책은 구입하신 곳에서 바꾸어 드립니다.
이 책의 전부 또는 일부 내용을 재사용하려면 사전에 저작권자와 펴낸곳의 동의를 받아야 합니다.

홈페이지 바로가기

메이킹북스는 저자님의 소중한 투고 원고를 기다립니다.
출간에 대한 관심이 있으신 분은 making_books@naver.com로 보내 주세요.

당신의 프리다이빙을 향상시키기 위한 교차 트레이닝 방법

프리다이빙

얍 벌바스 지음 | **김봉재** 옮김

메이킹북스

내 아내 거빈에게,
내가 다양한 훈련 방법을 실험하느라 얼굴이 빨갛게,
하얗게, 또는 보랏빛으로 변해가는 것을 보면서도 나를 지지해 주고,
이상한 식단을 테스트하는 것에 대한 의문을 갖지 않아줘서,
그리고 나와 프리다이빙을 해줘서 고마워요.

딸 노바에게,
너의 출산 예정일이 이 책을 완성해야 하는
확실한 마감일이 되어 주었단다. 만약 네가 예정보다 몇 주 늦게
태어났다면, 나는 마감일을 더 잘 맞출 수 있었을 텐데... 사랑한다.

면책공지

이 책의 내용은 오직 정보 제공을 위한 것입니다. 개개인의 상황이 다르기 때문에 이 책에 설명된 운동 및 다이어트 기술을 수행하기 전 의료인 또는 관련 전문가와 상의하시기 바랍니다. 옮긴이를 포함한 저자 및 출판인은 본 책자에 기술된 정보의 사용 또는 적용으로 인해 발생할 수 있는 부작용에 대한 책임을 명시적으로 부인합니다.

저자의 말:

만약 본 책에 기술된 운동이 이해가 안 된다면 시도하지 마세요. 만약 당신이 숨참기의 위험성을 알지 못한다면 정식으로 프리다이빙 코스를 이수하시기 바랍니다. 이 책에 기술된 어떤 훈련이든, 하기 전에 의사 및 전문가와 상의하세요.

목차

면책공지 ··· 5

감사의 말 ··· 12

서문 ·· 14

주요 용어 및 약어 ··· 16

소개 ·· 20

완벽한 다이빙을 하는 동안 당신의 몸 ················ 24
    하강 ··· 24
    프리폴 ·· 25
    상승 ··· 25

나쁜 다이빙을 하는 동안 당신의 몸 ··················· 27
    하강 ··· 27
    프리폴 ·· 27
    상승 ··· 28

이 책의 진짜 목적 ··· 29

Part 1. 크로스 트레이닝 ······························ 33

트레이닝 강도 ·· 34
    컴포트 존 ··· 35
    스트레스 존 ··· 36
    옵티멀(최적의) 트레이닝 ······························· 36
    심박수와 심박수 변동성 ································ 39

트레이닝 기록 방법 ··· 40

크로스 트레이닝은 언제, 왜 하는가? ················· 42

크로스 트레이닝의 한계 ··· 43
옥시미터 ··· 45

Part 2. 우리 몸은 어떻게 작동할까? ··· 51
ATP-CP: 근육질 몸 만들기 ··· 54
고 에너지 인산염을 위한 파워리프팅 ··· 55
근육질 몸 테스트하기 ··· 57
공기 호흡: 유산소 대사 ··· 59
유산소 대사 ··· 61
유산소 운동은 프리다이버에게 좋을까? ··· 61
미오글로빈: 성배 또는 루머? ··· 63
근육 산소 포화도 테스트 ··· 65
젖산 ··· 67
근육 섬유와 신진대사 ··· 69
다이빙에 필요한 근육 섬유 유형은? ··· 70
자신의 체형에 맞는 훈련 ··· 71
큰 근육이 프리다이버에게 좋을까? ··· 73
해양 포유류는 어떻게 잠수할까? ··· 75
포유류의 잠수 반응: MDR ··· 76
다이빙 프로파일 ··· 78
에너지 효율과 부력 ··· 80
저항 극복하기 ··· 82
식단과 프리다이빙 ··· 83
탄수화물에 대한 생각들 ··· 84
유제품이 유발하는 점액질에 대한 오해 ··· 87
알칼리성 식단 ··· 88
케토제닉: 최고의 프리다이빙 식단일까? ··· 89
케토시스 상태(케톤체) 되기 ··· 90
케토시스 테스트 ··· 93

Part 3. 훈련 방법 ··· 97
준비운동과 정리운동 (워밍업과 쿨링다운) ··· 98
움직임의 범위 및 가동성 워밍업 ··· 100
유인원 걸음 ··· 101

   게 걸음 ·· 102
   곰 걸음 ·· 104
   자벌레 걸음 ·· 106
  근육 활성화 워밍업 ·································· 107
   밴디드 캄 쉘 ······································ 108
   밴디드 래터럴 워크 ······························ 110
   스쿼트 ·· 111
   포워드 런지 ·· 112
   래터럴 런지 ·· 114
   숄더 탭 ·· 116
   정리운동 ·· 117

ATP-CP 시스템 훈련 ·· 119
  체육관에서 ATP-CP 시스템 훈련하기 ············ 119
   데드리프트 ·· 121
   스쿼트 ·· 124
   케틀벨 스윙 ·· 127
  스프린트로 ATP-CP 시스템 훈련하기 ············ 128

젖산 훈련 ·· 129
  러닝: 스프릿 400s ····································· 130
  러닝: 템포 200s ·· 130
  사이클링 ·· 131
  젖산 풀 트레이닝 ······································ 132

압네아 워킹 ··· 133
  풀렁 압네아 워킹 ····································· 134
  압네아 스테어 ·· 134
  엠티렁 압네아 워킹 ·································· 135

저산소 스쿼트 ·· 136
  저산소 스쿼트 및 기타 훈련에 Moxy 모니터 사용 ······ 140

운동을 통해 혈액의 질 증가시키기 ····················· 141
  사우나에서 혈액의 질 증가시키기 ··············· 142

폐용량 늘리기 및 폐 보호하기 ···························· 143
  뻣뻣한 어깨 스트레칭 ································ 144
   가슴 열기 ·· 145
   둔근에 손 대고 뒤로 젖히기 ·················· 146
  횡격막과 늑간근 스트레칭 ························· 146
   횡격막 스트레칭 ································· 147

늑간근 스트레칭 ··· 149
요가 호흡법 ··· 152
 교호 호흡 ··· 153
 정복자(우짜이) 호흡 ·· 154
 벨로우즈 호흡 ·· 155
 카팔바티 ··· 155
호흡 최적화 ··· 156
 전거근 운동 ·· 157
 늑간근 운동 ·· 158
 가동 범위 끝 운동 ·· 159
렁패킹 ··· 160

횡격막 컨트롤하기 ··· 163

CO_2 내성 훈련 ·· 165
 컨트랙션에 대하여 ·· 165
 CO_2 테이블 ·· 166
 30분 숨참기 ·· 168
 동적 프라나야마 ·· 169
 수영 ·· 171
 스프린트 ··· 173
 트레이닝(저항) 마스크 ······································ 174

O_2 테이블 ··· 175

저항 극복을 위한 스트레칭 ································ 176
 아치형 등과 타이트한 흉근 ································· 178
  벤치 펙 스트레칭 ··· 179
  Ab 휠 펙 스트레칭 ······································· 180
 발목 유연성과 블레이드 각도 ······························· 181
  앉아서 하는 발목 스트레칭 ······························· 182
  파트너와 함께하는 발목 스트레칭 ······················· 183
 턱 당기기와 스트림라인 ····································· 184

회복 운동 ··· 186

Part 4. 운동 스케줄 짜기 ································ 189
전반적인 건강 관리를 위한 운동 ························· 190
CO_2 내성과 호흡인지 훈련 계획 ······················· 192
일상 루틴 ·· 192

훈련 예시 ·· 195
운동 및 회복 계획하기 ································· 197
문제 해결하기 ·· 199
훈련 기록 예시 ·· 200
보충제 ·· 208
    크레아틴 보충제 ····································· 209
    단백질 보충제 ·· 210
    철분 보충제 ·· 211
    기타 인기 보충제 ····································· 213
        산화 스트레스를 줄이기 위한 항산화제 ········ 213
        산소 소비를 줄이기 위한 식이 질산염 ········ 213
        몸을 따뜻하게 하는 생강 ······················· 214

맺음말 ·· 215
참고자료 ··· 216

감사의 말

릭Rick Waines과 루카Luca Malaguti의 도움이 없었다면 당신은 이 책을 읽지 못했을 것입니다. 그들은 이 책을 완성하는 데 필요한 피드백을 제공했습니다. 릭과 루카는 2015년 프리다이브 와이어Freedive Wire가 설립된 이래로 계속 저와 함께하고 있습니다.

서레이Surrey에 있는 피시오투유Physio2u의 후쌈Hussam Hakeem은 모든 운동을 검토하고 올바른 자세를 전달하기 위해 사진 촬영을 도와주었습니다. 후쌈은 또한 여러 가지 운동 요법이 진행되는 동안과 끝난 후에 제 몸이 정상적으로 유지될 수 있도록 도와주었습니다. 헤이젤Hazel Wong은 깊은 물은 싫어하지만 스쿼트를 잘 해 우리의 사진 모델이 되어 주었습니다. 타이슨 제리Tyson Jerry도 사진 찍는 것을 도와주었습니다.

또한, 노스웨스트 프리다이빙과 필척 마케팅Pilchuk Marketing 설립자인 이안Ian Almasi은 이 책이 더 많은 독자에게 전달되도록 도움을 주었습니다.

밴쿠버에 있는 지텍 헬스G-Tech Health의 그렉Greg Elliot에게도 감사드립니다. 그렉은 드라이 스테틱을 하는 동안 근육에서 일어나는 일을 이해하는 데 필요한 데이터 수집에 도움을 주었습니다.

마지막으로 제가 프리다이빙을 시작한 이후로 느꼈던 모든 즐거움과 재미들 그리고 제가 배운 모든 것들과 저에게 영감을 준, 제2의 가족과도 같은 존재인 프리다이빙과 스피어피싱 공동체 전체에 감사를 표합니다.

서문

"이 책은 바다에서 멀리 떨어진 곳에 살고 있는 당신이 프리다이빙을 위한 트레이닝을 할 때 알아야 할 모든 것을 담고 있다."

프리다이빙 실력을 향상시키고 싶을 때 당신은 무엇을 하나요? 실제로 프리다이빙을 해야 합니다. 하지만 바다에서 멀리 떨어진 곳에 살고 있는 프리다이빙 선수에게 그것은 말하기는 쉽지만 실천하기는 어렵습니다. 제 훈련의 대부분은 육지에서 진행됩니다. 저는 시합 전 체육관이나 집에서 훈련하는 세계에서 몇 안 되는 선수 중 한 명입니다. 육지에서 훈련하는 또 다른 프리다이빙 선수로는 모두가 잘 아는 기욤 네리Guillaume Nery가 있습니다.

지난 2년 반 동안 저는 아론 솔로몬스Aharon Solomons 코치의 지도 아래 CWT 기록을 76m에서 113m로 늘렸습니다. 저는 모든 훈련과 다이빙에서 안전을 강조합니다. 그럼에도 불구하고 많은 사람들은 이 기록 증가가 너무 빠르다고 생각합니다. 어쩌면 너무 빠른 것 같기도 합니다.

하지만 지름길은 없습니다. 저의 성과는 체계적이고 효과적인 훈련으로 기대했던 결과물입니다. 바다에서 훈련을 시작하기 전 저는 육지에서 많은 훈련을 합니다. 많은 사람들이 CO_2 테이블을 하기 위해 고군분투하지만 저는 엠티렁Empty Lung으로 하는 실내 자전거 또는 레그프레스 운동을 합니다.

훈련 결과는? 호흡 충동이 매우 늦어지고 저산소 상태에 대한 내성이 높아집니다. 저는 다이빙을 위한 정신적 준비를 위해 이완 및 시각화에 더욱 힘쓰고 있습니다. 제가 바다에서 딥 다이빙을 할 때 제 마음은 사실 체육관에 있습니다. 그리고 체육관에서 운동할 때는 마음이 바다에 있습니다.

이 책은 기본적으로 육지에서 자신을 훈련시키는 방법에 대한 백과사전입니다. 그리고 모든 방법들은 과학적 이론들에 의해 뒷받침됩니다. 이 책은 모든 레벨의 프리다이버들에게 프리다이빙 실력 향상을 위한 운동 방법의 지침을 제공하는 최고의 훈련자료입니다.

Aolin Wang

중국 기록 보유자

프리폴 프리다이빙 아카데미 설립자

주요 용어 및 약어 Acronyms and important terms

Part 2에서는 다이빙을 하는 동안 사용하는 다양한 에너지 시스템에 대해 자세히 알아보게 됩니다. 여기 당신이 잘 모를 수도 있는 중요한 용어들을 정리해 두었습니다.

- Aerobic - 유산소 운동
- Anaerobic - 무산소 운동
- ATP(Adenosine Tri-Phosphate) - 아데노신 삼인산(아데노신에 인산기가 3개 달린 유기화합물). 에너지를 생성하기 위해 근육 세포에 의해 사용되는 고 에너지 인산염입니다. 에너지는 인산 결합에 저장되고 아데노신 삼인산을 아데노신 이인산으로 변화시킴으로써 방출됩니다.
- Blood shift - 혈액 이동. 팔다리의 혈액이 이동해 흉부의 혈액량이 증가하는 것으로 혈액 이동은 말초 혈관 수축과 압력 증가의 결과이며, 깊은 잠수를 하는 동안 (압력에 의해)폐가 쪼그라드는 것을 제한합니다(기압성 폐손상 예방).
- CNF(Constant No Fins) - 컨스탄트 노핀. 프리다이버가 일정한 웨이트를 착용하고 핀 없이 하강하고 상승하는 프리다이빙 종목 중 하나입니다.
- Contractions - 컨트랙션(수축). 높은 CO_2와 낮은 O_2 농도에 반응하여 횡격막의 무의식적인 근육 경련이 일어납니다.

- CP(Creatine phosphate) – 크레아틴 인산. 아데노신 이인산을 '충전'할 수 있는 고 에너지 인산입니다.
- CWT(Constant Weight) - 컨스탄트 웨이트. 프리다이버가 일정한 웨이트를 착용한 상태로 핀을 사용해 하강하고 상승하는 프리다이빙 종목 중 하나입니다.
- DNF(Dynamic No Fins) - 다이나믹 노핀. 프리다이버가 수영장에서 핀 없이 숨을 참고 수평 거리를 수영하는 프리다이빙 종목 중 하나입니다.
- DYN(Dynamic) – 다이나믹. DNF와 같지만 핀을 신고 하는 종목입니다.
- FIM(Free Immersion) - 프리이멀젼. 프리다이버가 라인을 당겨 하강하고 상승하는 프리다이빙 종목 중 하나입니다.
- FRC(Functional Residual Capacity) - 기능적 잔기량. 수동적 날숨 후 폐에 존재하는 공기의 양입니다. 이 용어는 보통 가득 찬 호흡Full breath 과 수동적 날숨Passive exhale 사이의 폐 부피로 잠수하는 다이버들에 의해 오용됩니다.
- High energy phosphates – 고 에너지 인산염. 근육 수축의 형태로 에너지를 생성하기 위해 근육 세포에 의해 사용되는 분자입니다. 고 에너지 인산염에는 ATP와 CP의 두 가지 유형이 있습니다.(또는 고 에너지 인산염에서는 ATP와 CP의 두 가지 유형이 논의될 것입니다.)
- HRV(Heart Rate Variability) - 심박수 변동성. 심장 박동 사이의 시간의 변동성입니다. 하루하루의 HRV 사이의 변화는 신체

적, 정신적 스트레스의 지표입니다. HRV는 하루의 휴식이 필요한지를 결정하는 데 사용될 수 있습니다.

- Lactate - 젖산염. 무산소 운동 중에 형성되는 분자로 높은 젖산 수치의 부작용은 근육 산도의 증가입니다. 젖산염은 종종 젖산이라고 불립니다. 근육통의 원인으로 잘못 알려져 있기도 합니다.
- LMC(Loss of Motor Control) - 낮은 O_2 레벨로 인해 몸의 제어가 상실되는 것.
- MDR(Mammalian Diving Reflex, or Mammalian Diving Response) - 포유류 다이빙 반사 또는 포유류 다이빙 반응. 이것은 물속에 잠기거나 호흡이 부족할 때 나타나는 생리학적 반응이며, 심박수 감소, 말초 혈관 수축 및 비장 수축을 포함합니다.
- Metabolism - 신진대사. 생명을 유지하기 위해 신체 내에서 일어나는 화학적 과정입니다.
- Metabolic pathway - 대사 경로. 몸의 화합물에 의해 일어나는 일련의 화학 반응으로 이 책에서 우리는 주로 근육 섬유 내의 대사 경로에 대해 논의할 것입니다.
- Reps(Repeatations) - 반복. 중간에 쉬지 않고 운동이 반복되는 횟수입니다.
- RHR(Resting Heart Rate) - 휴식 중 심박수. 정지 상태의 심박수는 훈련 강도를 결정하는 데 사용될 수 있지만 HRV보다 신뢰성이 낮습니다.
- RV(Residual Volume) - 잔기량. 능동적 날숨 후 폐에 남아 있는 공기량.

- Sets – 세트. 여러 번의 반복 운동 후 휴식하는 것입니다. 예를 들어, 5회 반복의 1세트는 운동을 5회 반복한 후 휴식을 취하는 것입니다.
- Vasoconstriction – 혈관 수축. 혈류를 최소화하기 위해 혈관이 수축되는 것으로 포유류의 잠수 반응이 활성화되면 사지의 혈관이 수축합니다. 혈관 수축은 낮은 CO_2 수준으로 인해 발생하기도 합니다.
- Vasodilation – 혈관 확장. CO_2와 NO(산화질소)는 모두 효과적인 혈관 확장제입니다.

소개 Introduction

저는 북서부 태평양에서 프리다이빙을 시작했습니다. 그곳의 바다는 차갑고 어두워 매력적이지 않고 수온도 낮아서 하루에 두 시간이 넘는 다이빙은 거의 하지 않습니다.

연습을 하면서 제 다이빙은 점점 더 길어지고 깊어졌지만, 더 추워지기 시작했습니다. 수온이 연중 약 6°C인 수온약층 아래에서 더 많은 시간을 보내는 것은 쉽지 않았습니다. 수심이 깊어질수록 슈트는 더 압축되고 추위를 더 느끼게 됩니다. 저는 점점 덜 움직이는 데 익숙해졌고 따라서 몸에서는 열이 덜 발생했습니다. 3mm 대신 5mm 슈트로 바꿨지만 다시 3mm 상의를 추가로 입었습니다. 결국 8mm 슈트로 바꿨지만 다이빙은 매우 어려워졌습니다.

이것은 찬물 다이빙의 악순환입니다. 당신의 다이빙이 발전하고 조금 더 길고 깊게 잠수할 때마다, 당신은 더 추워지고 추위를 이겨내기 위해 더 두꺼운 슈트를 입게 되면서 다이빙은 더 어려워집니다.

제가 처음 열대 바다에서 다이빙을 한 건 2015년 몰디브에서였습니다. 몰디브는 한 시간 안에 걸어 다닐 수 있을 만큼 작은 열대 섬들이 모여 있으며 믿을 수 없을 만큼 아름다운 수중 낙원에 둘러싸인 곳입니다. 저는 하루에 6시간 이상 물속에 있을 수 있었습니다. 다이빙이 이렇게 쉽게 느껴진 적은 없었어요.

만약 당신이 하루 종일 잠수한다면, 당신은 매우 빨리 베테랑 다이버가 될 것입니다. 몰디브인, 바하마인, 그리고 다른 작은 열대 섬의 주민들은 대부분의 프리다이버들이 꿈꾸는 물에 대한 친화력을 가지고 있습니다. 그들은 스스로 프리다이버라 칭하진 않지만, 5-15미터 범위에서 스노클링과 다이빙을 하며 행복한 시간을 보냅니다.

우리 모두가 가파른 암초와 따뜻한 물로 둘러싸인 열대 섬에 사는 행운을 누리고 있는 것은 아닙니다. 프리다이빙은 전 세계 사람들에 의해 행해지는 스포츠로 대부분의 사람들에게 그것은 취미이고, 어떤 사람들에게는 삶의 방식이며, 다른 사람들에게는 경쟁적인 스포츠입니다. 어디에 살든 바다와 하나가 되는 기쁨을 경험할 수 있습니다. 어떤 곳에서는 조금 더 힘들기도 합니다.

프리다이빙을 위한 최고의 훈련은 프리다이빙이고, 스피어피싱을 위한 최고의 훈련은 스피어피싱입니다. 안타깝게도 여러분 대부분은 하루 종일 물속에 있을 수 없습니다. 아마도 여기 밴쿠버처럼 바다 상태가 한 번에 한두 시간 이상 잠수하는 것을 허용하지 않거나, 또는 단순히 너무 바쁘기 때문일 수도 있습니다.

크로스 트레이닝은 주종목을 향상시키기 위해 다른 분야에서 훈련하는 것입니다. 물속에서 상당한 시간을 보낼 수 없다면 이미 스테틱 테이블이나 수영장 트레이닝 등의 교차 훈련에 의존했을 것입니다. 대부분의 프리다이버들이 수중 세계에 더 잘 적응하기 위해 그들의 몸을 훈련시키는 방법에 관심을 갖는 것은 놀라운 일이 아닙니다. 프리다이버들과 스페로들은 더 오래 그리고 더 깊이 잠수하기를 원하며 그렇게 하는 동안 안전하고 편안하기를 원합니다.

만약 당신이 바다를 즐기고 프리다이빙 또는 스피어피싱을 더 잘하기 위해 체육관에서 무엇을 해야 하는지 알고 싶다면, 이 책은 당신을 위한 것입니다. 당신이 5~15m 범위에서 다이빙을 하든 25~65m 범위에서 다이빙을 하든, 이 책은 바다에서 다이빙을 할 수 없는 비시즌 동안 당신의 다이빙 컨디션을 유지하는 데 도움이 되는 유용한 훈련 방법들을 제시합니다.

당신은 다음의 내용을 배우게 됩니다:
- 어떤 특정한 훈련 방법이 당신의 프리다이빙에 도움이 되는지, 그리고 어떻게 하는지
- CO_2 테이블 훈련이 정말 도움이 되는지
- 바다에 자주 못 들어가도 어떻게 더 깊고 길게 잠수할 수 있는지
- 프리다이빙과 스피어피싱을 위해 특별한 훈련 방법이 무엇인지

이 책은 크게 네 부분으로 나눠져 있습니다.

Part 1에서는 크로스 트레이닝의 원리를 배울 것입니다. 훈련 강도를 배우게 되므로 언제 강하게 밀어붙여야 하고 언제 뒤로 물러서야 하는지 알 수 있습니다. 당신은 훈련을 기록하는 방법을 배울 것이고 이를 통해 운동이 긍정적인 효과가 있는지 없는지를 확인하게 될 것입니다. 또한 프리다이빙을 위한 크로스 트레이닝의 한계에 대해서도 배우게 됩니다.

Part 2에서는 신체가 산소를 어떻게, 어디에 저장하는지, 그리고 다이빙 하는 동안 산소가 어떻게 사용되는지 알게 될 것입니다. 그러면 당신은 에너지 대사가 어떻게 이루어지는지, 그리고 구체적으로 근육이 어떻게 작동하는지 이해하게 될 것입니다. 이 부분은 프리다이빙 이면에 있는 과학을 이해하고자 하는 분들을 위해 쓰여졌습니다. 당신의 특정한 필요에 따라 훈련을

조정하고 싶다면 이 부분을 읽는 것을 추천합니다. 자세한 이론을 신경 쓰지 않는다면 이 부분은 생략하고 바로 훈련으로 넘어가도 됩니다.

Part 3에서는 프리다이빙에 도움이 되도록 몸을 가꾸고 유지하기 위해 할 수 있는 구체적인 운동들에 대해 알아보겠습니다. 당신은 체육관, 소파, 요가 매트, 그리고 달리기 트랙에서 할 수 있는 운동들을 배울 것입니다.

Part 4에서는 트레이닝 스케줄을 계획하는 방법에 대해 알아봅니다. 최고의 성과를 위해 트레이닝 스케줄을 짜는 방법 외에도 실제로 유지할 수 있는 트레이닝 일정을 설계하는 방법을 배우게 됩니다.

완벽한 다이빙을 하는 동안 당신의 몸
Your body during a perfect dive

하강 The descent

숨을 고르고 나면 마음이 평온해지고 목표한 수심으로 하강하기 위한 준비가 이루어집니다. 당신은 마지막 숨을 들이마시고 하강을 시작합니다. 완벽한 덕다이빙은 당신을 깊고 파란 물속으로 곧장 데려다 줍니다. 당신은 양성 부력을 극복하기 위해 처음 몇 미터 동안 강하게 피닝해야 합니다. 이 부력은 주로 슈트의 네오프렌에 있는 질소와 폐에 있는 공기 때문에 발생합니다. 수면에서의 양성 부력이 깊은 수심의 음성 부력보다 크기 때문에 당신이 사용하는 에너지(출력)는 다이빙을 시작할 때 가장 큽니다. 다시 말해서, 만약 당신이 적절한 웨이트를 착용하고 있다면 당신은 수면에서 양성 부력을 갖게 됩니다.

초반 피닝에서는 근육에 저장된 고 에너지 인산염을 에너지로 사용합니다. 이러한 고 에너지 인산염은 산소를 소비하지 않고 이산화탄소나 젖산을 생성하지 않고 사용할 수 있기 때문에 다이빙의 초반 피닝을 위한 완벽한 에너지입니다. 몇 달 동안 훈련한 보람이 있네요. 당신은 '인산 배터리'를 훈련시켰기 때문에 산소를 많이 사용하지 않고 이산화탄소를 많이 배출하지 않고도 양성 부력을 극복하고 프리폴 단계에 들어갈 수 있습니다.

> 완벽한 하강을 위한 훈련을 원한다면 고 에너지 인산염 저장량을 늘리는 데 초점을 맞춰야 합니다. 이를 ATP-CP시스템이라고도 합니다.

프리폴 The sink phase

당신의 몸은 중성 부력 구간을 지나 음성부력에 도달하여 가라앉기 시작합니다.

당신은 완전히 긴장을 풀어야 합니다. 다이빙 반응이 강해지면서 팔과 다리의 혈관은 수축되고 당신의 심장 박동 수는 평소보다 낮아집니다. 비록 당신이 프리폴 단계에서 산소를 소비하고 있을지라도 증가된 압력은 당신의 혈액이 산소로 완전히 포화되도록 합니다.

깊은 수심에서 높아진 압력은 당신의 혈액에 더 많은 이산화탄소를 용해시킵니다. 하지만 당신은 이산화탄소 내성 훈련을 했기 때문에 프리폴 단계에서는 호흡 충동이 생기지 않습니다.

또한 압력의 증가로 폐가 잔기량 이하로 줄어들지만 엠티링 훈련, 스트레칭, 이완 연습 등의 훈련 덕분에 혈액 이동은 강하고 기관지나 폐 압착의 위험이 없습니다.

> 완벽한 프리폴 단계를 위해 훈련하려면 CO_2 적응, 이완, 저항 감소 및 스트레칭에 중점을 두어야 합니다.

상승 The ascent

목표한 수심에 도달하면, 당신은 방향을 돌려 수면으로 상승하기 시작합니다. 근육으로 가는 혈류가 남아 있지만 말초 혈관 수축과 혈액 이동으로 인해 그것은 매우 적습니다. 혈액은 상승 전체에 필요한 충분한 산소를 근육에 전달할 수 없습니다. 하지만 당신의 훈련 덕분에 당신의 혈액은 더 많은 산소를 포함하고 있습니다. 심지어 줄어든 혈류에도 불구하고 훈련 전보다 더 많은 산소를 공급합니다.

근육에 동력을 공급하기 위해 혈액으로부터 충분한 산소를 추출할 수 없을 때 미오글로빈이라고 불리는 화합물에서 산소를 추출하기 시작합니다. 미오글로빈은 혈액 세포 안의 에너지 공장으로 산소를 운반하는 근육 세포에 있는 단백질입니다. 당신의 훈련 덕분에 근육에 상당한 양의 미오글로빈이 있어 상승하는 동안 다리가 피로하지 않습니다.

상승 중반을 넘어 후반부로 접어들면 근육의 혈액과 미오글로빈 모두 근육으로 산소를 방출하고 젖산을 생산하기 시작합니다. 당신의 근육은 이제 산소를 완전히 빼앗기고 당신의 다리는 피로를 느끼기 시작합니다.

당신은 대부분의 블랙아웃Black Out(BO)이 압력의 빠른 변화로 인해 수면 근처에서 일어난다는 것을 알고 있습니다. 속도를 높여 빠르게, 그러나 침착하게 수면 위로 상승합니다. 수면 위로 올라가서 회복 호흡을 몇 번 하고 나면, 심각한 저산소 상태가 되지 않았다는 것을 알 수 있습니다. 옥시미터Oximeter를 이용한 훈련 덕분에 이걸 어떻게 평가해야 할지 알고 있습니다. 당신은 회복 호흡 후에 버디에게 명확한 'Okay' 사인을 주고 다음 다이빙을 준비합니다.

> 상승을 위한 훈련을 하고 싶다면 높은 농도의 젖산염Lactate이 생성된 상태에서 근육을 훈련시킬 필요가 있습니다.

나쁜 다이빙을 하는 동안 당신의 몸
Your body during a bad dive

하강 The descent

당신은 숨을 고르고 다이빙하기 전 마지막 숨을 들이마십니다. 어제 바쁜 하루를 보냈기 때문에 완전히 릴랙스가 되지 않지만 상관없다고 스스로에게 말합니다. 입수를 위한 덕 다이빙이 약간 잘못되면서 수직으로 하강하기 위해 에너지와 산소를 소비하게 됩니다. 훈련을 충분히 하지 않았기 때문에 당신의 근육은 당신을 중성 부력 구간까지 끌어내릴 충분한 에너지를 가지고 있지 않아 약간의 산소를 소비하고 약간의 이산화탄소를 생산하게 됩니다. 프리폴을 시작하기 전 이미 다리가 약간 피곤함을 느낍니다.

프리폴 The sink phase

몸에 긴장을 풀지 못했기 때문에 프리폴 단계에서 충분한 이완이 이루어지지 않았습니다. 횡격막은 굳어 있고 당신의 폐와 기도는 불필요한 음압을 경험합니다. 바텀 플레이트에 도착하기 훨씬 전에 당신은 이미 불편함을 느끼고 횡경막이 떨리기 시작했다는 것을 깨닫습니다. 아직 컨트랙션Contraction이 시작되진 않았지만 그것이 오고 있다는 걸 느낄 수 있습니다. 하강 중에 생성된 이산화탄소가 이제 호흡 충동을 유발합니다.

당신은 강한 컨트랙션을 경험하기 시작하지만 목표 수심에 근접했기 때문에 계속 하강하기로 결심합니다. 턱을 당기고 있어야 한다는 걸 알면서도 불편함 때문에 그리고 목표가 가까이 있다는 사실을 알기 때문에 당신은 바닥을 바라봅니다. 이때 기도는 길어지고 기도와 폐에 더 큰 음압이 발생하게 됩니다.

상승 The ascent

당신은 허술한 턴을 하고 수면을 향해 피닝을 시작합니다. 피닝은 완벽하지 않고 허벅지는 즉시 피로함을 느낍니다. 당신의 마음은 피닝을 바로잡아야 한다고 말하지만 서둘러 상승하기 위해 노력할 뿐 자세를 고치지 않습니다.

수면이 가까워지면서 주위가 밝아지고 버디가 가까이 있다는 것을 알게 됩니다. 당신의 다리는 지쳤고 버디가 웃겨 Funny 보입니다. 당신은 라인을 보며 집중하려고 노력합니다. 상승이 점점 편해지는 걸 느끼며 계속 피닝합니다. 주변에 공기방울이 보이지만 그것이 자신의 것이라는 것을 깨닫지 못합니다.

대부분의 BO는 수면이나 수면 근처에서 일어납니다. 왜냐하면 수면 부근에서 압력이 급격히 떨어지기 때문입니다. 깊은 수심에서 물의 압력은 당신의 뇌와 체내의 산소를 공급하도록 돕습니다. 이 효과는 수심 10m부터 수면까지의 구간에서 빠르게 감소하게 됩니다.

그 다음 순간 당신은 수면 위에 떠 있다는 것을 깨닫게 됩니다. 버디는 걱정스러운 눈으로 당신을 보고 있지만 당신은 그것을 눈치채지 못합니다. 당신의 시야는 불그스레한 검은 색조를 띠고 목구멍과 폐의 뒷부분에서 뭔가 이상한 느낌이 듭니다. 당신은 피를 토하기 시작하며 BO 후 서서히 의식을 되찾게 됩니다. 당신에게 스퀴즈Squeeze가 발생했고 당신은 회복을 위해 당분간 다이빙을 쉬어야 할 것입니다.

이 책의 진짜 목적
The real purpose of this book

저는 방금 설명한 것처럼 당신이 나쁜 다이빙을 하지 않기를 바랍니다. 만약 당신이 그런 경험을 했다면, 그것은 아마도 한동안 다이빙이나 훈련을 제대로 못했을 때 발생했을 것입니다. 또는 단순히 워밍업을 제대로 하지 않았기 때문일 수도 있고 원인을 정확히 파악하지 못할 수도 있습니다.

제가 이 책을 통해 이루고자 하는 것은 당신의 나쁜 다이빙을 완벽한 다이빙으로 바꾸는 것입니다. 폐와 기관지에 스퀴즈가 발생하고 수면 가까이에서 정신을 잃기보다는 차분하고 힘차게 상승해야 합니다. 비록 이 책에서 프리다이빙에 관한 모든 것을 다루지는 않지만 트레이닝을 통해 당신은 안전한 범위 내에서 더욱 편안한 다이빙을 하게 될 것입니다.

저는 또한 당신이 숨참기와 숨을 참는 동안의 근육 수행에 대한 더 많은 이론을 배우기를 희망합니다. 다양한 종류의 근육 섬유와 그것들을 훈련시키는 방법에 대해 배우고 나면 타고난 체형이 무엇인지 그리고 물에서 자신의 장점을 가장 잘 활용하는 방법이 무엇인지 이해할 수 있을 것입니다.

또한 이 책은 집과 체육관에서 할 수 있는 구체적인 운동 방법을 제공합니다. 모든 운동은 강렬하거나 가볍게 할 수 있으며 초보부터 중간 레벨의 프리다이버나 스페로를 위한 것입니다. 만약 당신이 프리다이빙 전문가라면, 당신은 아마도 당신에게 맞는 일련의 운동을 이미 발견했을 것입니다. 그렇더라도 이 책의 이론적인 아이디어와 훈련 방법들을 유용하게 활용할 수 있기를 바랍니다.

당신의 훈련을 잘 기록하면 매 다이빙 세션 전 자신의 훈련 수준을 평가할 수 있을 것입니다. 모든 훈련을 기록할 것을 추천합니다. 시간이 지남에 따라 이것은 특정 운동이 다이빙에 어떻게 도움이 되는지에 대한 귀중한 통찰력을 제공할 것입니다.

Part 1.
크로스 트레이닝

Cross Training

효과적으로 훈련할 수 있는 방법들도 많지만 비효율적으로 훈련할 수 있는 방법들은 더 많이 있습니다. 여기서는 모든 트레이닝 프로그램에 맞는 하나의 방법을 제안하기보다는 일련의 지도 원칙을 소개하고자 합니다. 이러한 원칙은 트레이닝을 계획하는 방법과 트레이닝이 충분하지 않거나 오버트레이닝을 하고 있는 경우를 식별하는 방법에 대한 이해를 제공할 것입니다.

일반적으로 트레이닝의 목표는 몸을 특정한 조건에 적응시키는 것입니다. 프리다이빙을 위한 트레이닝의 목표는 신체를 수중 환경에 적응시키는 것입니다. 이러한 조건에는 1) 압력 증가, 2) 산소 감소, 3) 이산화탄소 증가가 포함됩니다. 이 세 가지 조건 모두에 대한 구체적인 트레이닝이 가능합니다.

압력 상승의 영향은 스트레칭으로 상쇄할 수 있고, 산소 부족의 영향은 산소와 에너지 저장고를 늘리고 당신이 가지고 있는 산소와 에너지를 더 효율적으로 사용함으로써 줄일 수 있으며, 이산화탄소에 대한 내성을 높이면 다이빙 중 증가하는 이산화탄소의 영향을 줄일 수 있습니다.

트레이닝 강도
Training intensity

적절한 훈련 강도를 찾는 것은 매우 중요합니다. 너무 가볍게 훈련하면 효과가 별로 없고 너무 강하게 훈련하면 회복 시간이 오래 걸립니다. 오버트레이닝은 실력 저하를 가져올 수도 있습니다. 이상적인 훈련은 신체에 손상을 주지 않고 빠르게 적응하고 회복할 수 있는 정도를 의미합니다.

> 당신이 무엇을 위해 훈련하든 당신의 훈련이 일정하고 적당한지 확인하세요. 장기적으로는 같은 양의 훈련일지라도 매일 5분씩 꾸준하게 하는 것이 한 달에 한 번 2시간 30분씩 하는 것보다 훨씬 뚜렷한 효과가 있을 것입니다.

컴포트 존 The comfort zone

만약 당신의 몸이 적응하기 위해 충분히 스트레스를 받지 않는다면 당신은 컴포트 존에서 훈련하고 있는 것입니다. 예를 들면, 마라톤 선수는 30분간의 빠른 걷기를 통해 심혈관 기능을 크게 증진시키지 못합니다. 마라톤 선수에게 그것은 컴포트 존 강도의 훈련입니다. 따라서 매일 30분씩 걷는 것은 마라톤 선수의 실력 향상에 좋지 않은 전략입니다.

40미터까지 5분 동안 잠수할 수 있는 프리다이버라면 1분 동안 10미터까지 잠수하는 것은 컴포트 존 내에 있습니다. 이런 훈련으로 프리다이버의 실력은 40미터에서 6분 동안 다이빙을 할 수 있게 향상되지 않습니다. 이 트레이닝은 컴포트 존 안에 있으며 어떠한 적응도 유도하지 못할 것입니다. 따라서 이 다이버는 훈련 강도를 높여야 합니다.

스트레스 존 The stress zone

컴포트 존에서 너무 벗어나면 오버트레이닝의 위험이 있습니다. 이로 인해 회복 기간이 길어지거나 부상을 입을 수도 있습니다. 예를 들어, 15미터 이상 수심까지 잠수해 본 적이 없는 프리다이버가 다른 어떤 형태의 훈련도 하지 않고 30미터 수심의 다이빙을 시도할 경우 스퀴즈나 BO로 이어질 수 있으며 신체에도 큰 스트레스가 될 것입니다.

최대 1회 데드리프트 무게가 200kg인 역도 선수를 상상해보세요. 이 역도 선수가 250kg의 데드리프트를 시도할 경우 이것은 근육이나 인대에 손상을 줄 수 있는 너무 높은 증가일 것입니다. 만약 아무런 손상을 입히지 않더라도 이 선수는 오랜 시간 동안 회복해야 할 가능성이 높습니다. 회복 기간으로 인해 역도 선수는 훈련을 놓치거나 연기하게 되며 실력은 그만큼 빠르게 향상되지 않고 심지어 감소할 수도 있습니다.

옵티멀(최적의) 트레이닝 Optimal training

옵티멀 트레이닝은 당신의 컴포트 존 너머로부터 스트레스 존 이전까지 사이에서의 트레이닝입니다. 훈련은 몸이 적응을 유도할 수 있을 만큼 충분히 어렵지만 다음 훈련 세션 전에 완전히 회복할 수 있을 만큼 쉬워야 합니다.

만약 당신이 매일 훈련한다면, 일주일에 두 번만 훈련하는 것보다 강도가 약해야 합니다. 다시 말해, 최적의 훈련 강도는 세션당 그리고 주당 세션들Sessions per week 모두에서 반복하는 데 영향을 받지 않아야 합니다. 크로스 트레이닝 프로그램을 시작하는 경우 필요에 따라 프로그램을 조정할 수 있도록 훈련 일지를 작성하는 것이 중요합니다.

 크로스 트레이닝이 최적의 상태로 진행될 경우 지속적이며 점진적으로 향상되어야 합니다. 이것은 시간이 지남에 따라 훈련의 강도를 점차적으로 높일 수 있다는 것을 의미합니다. 비시즌에 이 크로스 트레이닝을 하면 다이빙 시즌의 시작이 훨씬 쉬워집니다.

컴포트/스트레스/옵티멀 트레이닝 모델은 여러분 중 90%에게 적용될 수 있을 것입니다. 그러나 이 모델은 약간 단순하며 여러분 중 일부는 더 많은 훈련을 받고 싶어 할 수도 있습니다. 따라서 훈련에 대해 강박적이거나, 승부욕이 강하거나, 혹은 단순히 저처럼 괴짜인 10%의 독자라면 여러분을 도와줄 수 있는 코치를 찾기를 권합니다.

과수행Overreaching 훈련: 매우 강도가 높은 훈련으로 신체가 더 빨리 적응하도록 강요합니다. 회복하는 데는 며칠에서 몇 주가 걸릴 수 있습니다. 과수행 훈련은 옵티멀 트레이닝과 오버 트레이닝 사이에 속하며 까다롭습니다.

주기화Periodization 훈련: 과수행 훈련을 포함하는 주기적인 훈련 강도의 증감(아래 그림 참조).

테이퍼링Tapering: 경기에 앞서 체계적으로 훈련을 감소시킵니다. 테이퍼링은 최고의 퍼포먼스를 가져오는 것으로 입증되었습니다.

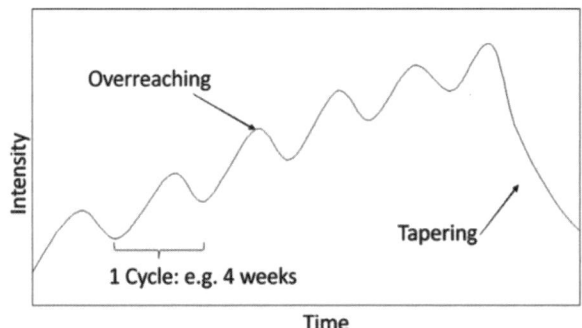

심박수와 심박수 변동성 Heart rate and heart rate variability

심장은 당신이 과하게 훈련했는지 아닌지 확인하는 것을 도와줍니다. 힘든 훈련 후에는 심박수가 증가해 휴식이 필요하다는 것을 알 수 있습니다. 예를 들어, 제 휴식기 심박수(RHR: Resting Heart Rate)는 보통 40-45bpm입니다. 이것은 놀랍도록 매일매일 일관됩니다. 그러나 힘든 크로스 트레이닝을 받은 후 저의 RHR은 약 55-60bpm입니다. 이것이 회복이 필요하다는 걸 아는 방법입니다. 요즘은 회복 운동으로 5km를 천천히 조깅하거나 20km를 자전거로 달리기도 하지만 심한 운동은 하지 않습니다.

과훈련 여부를 확인하는 또 다른 신뢰할 수 있는 방법은 심박수 변동성(HRV: Heart Rate Variability)을 확인하는 것입니다. 심박수 변동성은 심장 박동 사이의 시간 변화입니다. 이러한 변동은 훈련, 수면, 식이요법 및 스트레스 수준에 따라 기준 값에서 더 높거나 더 낮은 값까지 다양합니다. HRV를 추적하면 회복 기간과 강도 낮은 운동 또는 강도 높은 운동을 수행해야 하는 시기를 파악할 수 있습니다.

다양한 앱으로 RHR과 HRV를 측정할 수 있습니다. 심박수를 기록할 수 있는 체스트 스트랩(가슴둘레에 착용해 심박수를 측정하는 기계)이 이미 있는 경우 사용하려는 소프트웨어와 호환이 되는지, Garmin watch 또는 Fitbit과 같은 활동 추적기가 있는 경우 HRV를 기록할 수 있는지 확인해야 합니다.

심박수 모니터가 없다면 스마트폰용 HRV4 트레이닝 앱을 구매해 사용할 수 있습니다. 이 앱은 스마트폰의 카메라와 플래시를 이용하여 심박수와 HRV를 측정합니다. 또한 개인 기준선을 설정한 후 개인화된 트레이닝 조언을 제공합니다.

또는 Heart rate+사의 Concelence나 Azumio사의 Stress Check 앱을 무료로 다운로드할 수도 있습니다. Concelence를 사용하면 고정된 호흡 패턴 중의 심박수를 확인할 수 있습니다. Stress Check 앱으로는 HRV를 측정할 수 있습니다. 이러한 두 가지 매개 변수를 매일 훈련 일지에 작성할 수 있습니다. 매일 측정하는 경우(가급적이면 잠에서 깬 직후에 측정) 1~2주 후에 기준선을 파악해야 합니다.

기준선을 설정한 후에는 해당 기준선과 뚜렷한 차이가 있는지 주의해서 확인해야 합니다. 잘못된 측정은 과도한 훈련, 질병 또는 다른 문제를 나타낼 수 있습니다(훈련 기록 작성 예시 P.202 참조).

트레이닝 기록 방법
How to record your training

트레이닝을 기록하는 것은 실력 향상을 위한 핵심 중 하나입니다. 트레이닝에 대한 신중한 분석을 통해 일관된 진전을 이루고 있는지 여부를 추적할 수 있습니다. 훈련을 기록하지 않으면 오버 트레이닝을 식별하기 어려울 수 있습니다. 저는 2015년부터 다이빙과 크로스 트레이닝을 모두 기록했습니다.

이 책에 있는 대부분의 훈련들은 많은 실험의 결과이며, 만약 트레이닝 일지를 작성하지 않았다면 결코 기록되지 않았을 것입니다. 트레이닝과 다이빙을 일관되게 기록하면 다음과 같은 이점이 있습니다:

- 개인의 필요에 맞게 훈련 수정
- 다이빙에 미치는 영향 모니터링
- 다이빙하는 동안 어떤 문제를 겪는지 기록(특정 깊이에서 이퀄라이징 이슈, 심한 몸의 긴장, 복부 힘빼기 어려움 등)
- 과도한 훈련을 하고 있는지 또는 실력 향상이 되고 있는지 확인

자세한 훈련 일지를 계속 작성해 나가는 것은 어렵지 않습니다. 아래에 저의 훈련 일지와 트레이닝 중 느낀 점에 대한 것을 작성한 예가 있습니다.

장소: Ansell, 시간 16:30
장비: 8mm 슈트, 6.5kg 웨이트, Omer Abyss 마스크
수온: 수면 17℃ 수심 8m부터 7℃

m	min:s	
9 - FRC	0:24	마지막 두 번의 다이빙 중 이퀄라이징에 어려움을 겪었다. 37m 다이빙 중 마지막 7미터는 턴해서 헤드업 자세로 하강했다.
7 - FRC	0:16	
8 - FRC	0:19	
16 hang	1:56	27m 다이빙의 경우 목표 수심은 37m였으나 이퀄라이징이 되지 않아 얼리턴했다.
17 hang	2:33	연구개가 문제인 것 같다! 나는 숨참기가 힘들어지면 턱을 악물어 연구개를 닫는(위로 올리는) 경향이 있는데 의식적으로 긴장을 푸는 법을 익히지 못한다면 더 깊이 이퀄라이징을 할 수 없을 것이다.
30	0:58	
37 eq?	1:37	
27 eq?	1:04	

이퀄라이징 문제에 대한 분석 덕분에 제가 숨을 참는 동안 어떤 일이 일어나는지 알게 되었습니다. 저는 드라이 스테틱을 할 때도 연구개를 닫는 경향이 있다는 것을 나중에 알았습니다. 이 나쁜 습관을 없애기 위해 상당한 노력이 필요했습니다. 제 훈련 일지에 몇 가지 메모를 남기지 않았다면 문제가 무엇이었는지 알 수 없었을 거예요.

저는 컴퓨터를 사용하지 않고 작은 노트와 펜을 사용해 훈련 일지를 작성합니다. 이렇게 하면 캠핑 트립을 병행하면서도 프리다이빙 훈련 일지를 기록할 수 있습니다.

크로스 트레이닝은 언제, 왜 하는가?
Why and when to cross train

앞서 말한 바와 같이 만약 당신이 프리다이빙을 더 잘하고 싶다면 실제로 프리다이빙을 해야 합니다. 이상적인 대체법은 없습니다. 하지만 어떤 것들은 바다에서 안전하게 훈련하기 매우 어렵고 바다의 상태는 항상 동일하지 않습니다. 당신은 물이 거칠고 탁하거나 제대로 트레이닝을 하기에 너무 강한 조류가 흐른다는 것을 깨닫고 다이빙을 포기한 적이 몇 번이나 되나요? 비시즌은 얼마나 길죠? 장마철 또는 겨울 시즌은요? 많은 다이버들은 물에 들어갈 수 없어도 몸을 유지하고 싶어 합니다.

제가 다이빙하는 캐나다에서는 겨울에 물이 지독하게 차갑고 여름에도 대부분의 다이버들은 차갑다고 느낍니다. 다이빙 세션은 대부분 두 시간을 넘지 않습니다. 만약 당신이 뛰어난 프리다이버가 되고 싶은 태평양 북서부 지역에 살고 있는 사람이라면 크로스 트레이닝은 매우 유용할 것입니다.

크로스 트레이닝의 한계
Limitation of cross training for freediving

프리다이빙과 스피어피싱을 위한 크로스 트레이닝이 모든 요구를 해결할 순 없습니다. 고압챔버 없이는 누구도 깊이와 압력을 복제할 수 없습니다. 제가 아는 다이버들 중 뒷마당에 고압챔버를 가진 사람은 없기 때문에 이 책을 읽고 있는 당신도 아마 없을 거라 생각합니다. 깊은 수심에서 압력 증가는 O_2의 부분압을 증가시키고 우리의 혈류에 용해되는 CO_2의 양도 증가시킵니다. CO_2에 대한 내성은 다이빙하는 것만으로도 매우 잘 훈련됩니다. 뿐만 아니라 육지에서 CO_2 내성을 키우는 훌륭한 방법들이 있습니다. 당신은 이 책의 Part 3에서 많은 훈련 방법들을 찾을 수 있을 것입니다.

> 프리다이버들이 육지에서 혈관 수축을 유도하기 위해 사용하는 한 가지 방법은 숨을 참고 첫 번째 컨트랙션을 기다리는 것입니다(첫 컨트랙션 후 몸을 움직임). 저는 이것을 2017년에 근육 산소 모니터로 테스트했습니다. 첫 번째 컨트랙션이 올 때까지 숨을 참았음에도 불구하고 움직이기 시작한 지 몇 초 만에 혈류와 근육 내 산소가 증가했습니다. 잠수 반사는 매우 훌륭한 것이지만 육지에서의 훈련을 기대하기는 어렵습니다.

포유류 다이빙 반사(MDR)를 육지에서 훈련하는 것은 쉽지 않습니다(P.76, 다이빙 반사에 대한 설명 참조). 대부분의 프리다이버들에게 일어나는 포유류 다이빙 반사는 육지에서 물속보다 덜 강하게 나타납니다(또는 최소한 지연됨).

혈관 수축은 육지에서도 일어나지만 운동을 시작하면 근육으로 가는 혈류를 막을 만큼 강하지 않습니다. 에릭 파타 Eric Fattah는 2012년 그의 저서 『홀리스틱 프리다이빙 Holistic Freediving』에서 육지에서 혈관 수축을 유도하는 방법을 서술했습니다(얼음욕 사용).

비록 이것이 어느 정도 효과가 있을 수 있지만 추위에 노출되면 피부에 가까운 혈관만 수축하게 됩니다. 반면 다이빙 반사는 근육에 피를 공급하는 더 큰 혈관의 수축을 야기합니다.

팔다리의 혈액량을 줄이는 다이빙 반사의 또 다른 결과는 혈액 이동입니다. 혈액 이동은 피가 흉부로 이동하는 것입니다. 이것은 딥 다이빙 중 압축된 폐를 음압으로부터 보호합니다. 말할 필요도 없이 땅 위나 수영장에서의 혈액 이동은 매우 제한적이기 때문에 폐는 수축되지 않습니다!

육지에서 다이빙 반사를 유도하는 것이 워낙 어렵기 때문에 이 책의 많은 연습 방법들은 다이빙 반사에 의존하지 않고 호흡하며 할 수 있는 것들로 구성되어 있습니다.

옥시미터
Oximeters

옥시미터는 동맥혈 산소 포화도(SaO_2)를 측정할 수 있는 장치입니다. 당신은 몇몇 운동을 할 때, 잘 하고 있는지 확인하기 위해 또는 저산소증의 징후를 인식하기 위해 옥시미터가 필요할 것입니다. 옥시미터는 손가락에 클립을 대고 적외선을 사용하여 손가락 끝의 혈색을 측정합니다. 빛은 약간 다른 색으로 옥시미터로 다시 튕겨 들어가며, 이 장치는 산소와 결합된 헤모글로빈 비율을 계산합니다. 일반적으로 혈액 속의 SaO_2는 96~99%입니다. 최대로 호흡을 참을 경우, 수치가 35%까지 낮아질 수 있습니다. 우리의 트레이닝 동안, 당신의 SaO_2수치는 70% 이하로 내려가지 않을 것입니다.

> 많은 다이버들이 생각하는 것과는 다르게 효과적으로 훈련하기 위해 심한 저산소 상태가 될 필요는 없습니다. 많은 운동은 숨을 쉬면서 할 수 있고 그렇게 해야 합니다. 일관성과 적정성이 당신에게 최고의 결과를 가져다 줄 것이라는 것을 항상 기억하세요.

옥시미터는 '이동 평균'이라고 불리는 것에 따라 SaO_2를 측정합니다. 이것은 표시된 값이 마지막 초 수 또는 마지막 심장 박동 수의 평균값임을 의미합니다. 예를 들어, 프리다이버의 SaO_2가 3분에 80%, 3분 30초에 70%인 경우, 이동 평균이 30초인 옥시미터는 3:30에 75%를 나타내는 반면, 이동 평균이 1초인 옥시미터는 70%를 나타냅니다. 다시 말해, 옥시미터는 실제 값보다 더 높은 값을 보여줍니다. 따라서 옥시미터의 이동 평균이 긴 경우 숨참기 끝에 가장 낮은 값이 나타나기까지 최대 30초가 걸릴 수 있습니다.

만약 당신이 혈관이 다소 수축된다면[1], 그 숫자는 더 지연돼 나타날 것입니다. 호흡을 시작한 지 20초 만에 SaO_2가 최저값을 보이는 것은 드문 일이 아닙니다. 따라서 숨참기가 끝난 후에 옥시미터 값을 계속 확인해야 합니다. 옥시미터의 값은 최솟값에 도달할 때까지 계속 하락합니다(이동 평균 때문에 실제 최솟값이 다소 낮을 수 있음). 최솟값이 당신이 기록할 숫자입니다.

---

1 일부 산소측정기는 '유입 지수'(PI: Perfusion Index)라고 하는 혈관 수축의 측정값을 제공합니다. 만약 PI가 낮으면 PI가 높을 때보다 판독이 더 지연됩니다. PI 범위는 0.1%~20%입니다. 저의 경우 보통 물밖 숨참기 동안 PI가 약 8-15%에서 2-5%로 떨어집니다.

의료용 옥시미터는 프리다이버를 위해 만들어진 것이 아닙니다. SaO_2가 90% 미만일 경우 정확도는 크게 떨어집니다. 그러므로 동일한 옥시미터를 사용해 당신의 트레이닝을 기록하는 것이 중요합니다. 왜냐하면 값이 완전히 정확하지는 않더라도 일관성이 있기 때문입니다. 만약 옥시미터를 바꿔가며 측정한다면 훈련을 비교할 수 없습니다.

$15를 쓰고 이동 평균을 알 수 없는 손가락용 옥시미터를 살 수도 있고 $200를 들여 적절한 의료용 옥시미터를 살 수도 있습니다. 이상적으로는 이동 평균을 3초 또는 3bpm으로 조정할 수 있지만 더 높은 이동 평균도 괜찮습니다(정규 범위는 3 - 30초 또는 3 - 8bpm). 일부 옥시미터는 Excel 프로그램으로 가져올 수 있는 CSV 파일로 데이터를 저장할 수 있습니다.

이런 결점에도 불구하고, 옥시미터는 매우 유용합니다. 옥시미터를 사용하여 트레이닝할 때 다음 사항들을 기억하십시오:

- 숨을 참는 동안 SaO_2 측정값을 신뢰하지 마십시오.
- 숨참기가 끝난 후 옥시미터를 계속 관찰합니다.
- 표시되는 최저값을 기록합니다(보통 30초 내에 표시됨).

만약 당신이 심한 저산소증에 걸린다면, 당신은 그 값을 기록하는 것을 잊거나 당신이 알아볼 수 없는 글씨로 기록하게 될 수도 있습니다.

저산소증에 대한 인식 훈련을 위해 노트를 들고 큰 침대 가운데 똑바로 앉으세요. 당신을 체크하고 옥시미터를 확인해줄 버디와 함께 진행하도록 합니다.

- 30초 동안 과호흡하세요.
- RV까지 숨을 내쉬고 20 + α 초 동안 유지하세요.

- 산소측정기에서 가장 낮은 수치와 느낌을 기록하세요. 30~60초 이상 걸리지 않습니다.
- SaO_2 = 70% 아래로 내려갈 때까지 숨참기를 10초씩 추가해가며 반복하세요.
- SaO_2 = 70%에 도달한 이후에도 계속할 수 있지만 버디와 함께 주의해서 진행하도록 합니다. 대부분의 사람들은 SaO_2 = 40%에서 LMC의 징후를 보입니다.

만약 당신이 잠수 후에 저산소증 징후를 알아차린 적이 있다면, 그 잠수 시간과 깊이를 초과하지 않도록 주의해야 합니다. 제게는 그 징후가 터널비전(시야가 좁아지는 상태)과 색 인식의 변화였습니다. 당신에겐 다른 징후가 나타날 수도 있습니다.

LONGER AND DEEPER

Part 2.
우리 몸은 어떻게 작동할까?
How it works

소파에 앉아 있다가 바로 일어나서 15개의 스쿼트를 한다고 상상해 보세요. 근육으로 혈액이 공급될 때까지 기다릴 건가요? 아마 아닐 겁니다. 왜냐하면 그럴 필요가 없기 때문입니다. 우리의 근육은 에너지를 고 에너지 인산염의 형태로 저장하고 당신은 이것을 바로 사용할 수 있습니다.

만약 30개의 스쿼트를 한다면 근육 내 제한된 양만 저장된 고 에너지 인산염은 충분하지 않을 수도 있습니다. 고 에너지 인산염이 떨어지면 어떻게 될까요? 에너지가 여전히 생성될 수 있는 두 가지 방법이 있습니다. 첫 번째는 산소를 사용하지 않고 포도당만 사용해 에너지를 생성하는 것으로 이것을 무산소(젖산) 대사라고 부릅니다. 두 번째는 산소와 포도당을 함께 사용하는 것으로 이것은 유산소 대사입니다.

이 세 가지 과정은 우리가 근육을 사용할 때마다 일어납니다.

잠수하는 동안 우리는 가능한 많은 에너지와 산소를 보존하려고 노력합니다. 우리는 양성 부력을 극복하기 위해 다이빙의 초반에 열심히 움직입니다. 그 후 적절한 웨이트를 착용했다면 프리폴 단계에서는 에너지를 소비하지 않고 짙고 파란 바닷속으로 하강할 수 있게 됩니다. 상승을 시작하면 다시 열심히 움직여야 합니다.

다음 그림에서 다양한 에너지 시스템이 어떻게 이상적인 다이빙에 기여하는지 확인할 수 있습니다. 다이빙은 하강(Dive), 프리폴(Sink) 그리고 상승(Ascend), 이렇게 세 단계로 구성됩니다.

하강 단계에서 당신은 열심히 헤엄쳐 내려갑니다. 이상적으로는 수면에서 중성 부력 구간까지가 ATP-CP 시스템이 기여하는 단계입니다. 프리폴 단계에서는 움직임을 멈추고 유산소 시스템을 통해 기초 대사 기능을 위한 충분한 산소를 체내에 공급합니다. 상승 단계에서의 에너지 대부분은 젖산이나 유산소 대사로부터 옵니다. 저산소증이 심해질수록 무산소 대사가 더욱 중요해집니다.

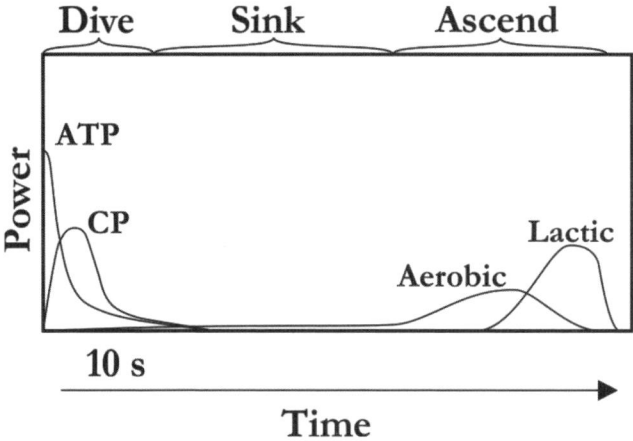

그림 설명: 이것들은 이상적인 다이빙 동안 작동하는 신진대사 경로들입니다. 또한 당신이 이 책에 있는 연습 방법을 통해 트레이닝할 내용이기도 합니다. 이러한 대사 경로 중 하나의 약점은 다른 것에 영향을 주어 당신의 다이빙을 덜 편안하게 만들 것입니다. 예를 들어, 유산소 시스템이 약하면 젖산 시스템이 보상하여 잠수 중에 훨씬 많은 노폐물을 생산하게 됩니다. 결국 이것은 다이빙 세션 후 더 많은 근육 피로와 통증을 유발하게 됩니다.

이제부터 이러한 시스템이 우리에게 유리한 방향으로 작동하도록 만들 수 있는지 알아보겠습니다.

ATP-CP: 근육질 몸 만들기
ATP-CP: Becoming the beefcake

저는 금속 날이 들어 있는 싸구려 플라스틱 믹서기를 쳐다보고 있는 제 자신을 발견했습니다. 나선형의 금속 날은 그 안에 있는 가짜 초콜릿 향의 유장 분말(단백질 파우더) 99g을 녹이기 위한 것입니다. "사람들이 이런 헛소리를 어떻게 받아들일까?"라고 저는 혼자 생각합니다. 몇 분간 섞이면 가루와 물은 걸쭉한 갈색 액체로 변합니다.

보충 식단을 시작하기 전 저의 단백질 섭취량은 하루에 120g 정도밖에 되지 않는다고 계산했습니다. 이것은 95kg의 남성에게는 적은 양이라 근육량을 늘리기 위해서는 매일 100g의 단백질을 추가로 섭취해야 합니다(kg당 단백질 2.2g 또는 총 목표 중량의 1g/lbs). 100g이 그리 많아 보이지는 않지만 음식으로 환산하면 계란 11개, 혹은 3.5리터의 우유에 포함된 엄청난 양입니다.

저는 약 10일 동안은 단백질 셰이크로 부족량을 채운 후 여분의 계란과 우유를 섭취하는 방법으로 바꿨습니다. 아침에 먹는 크레아틴은 차를 약간 쓰게 만들지만 6주 내내 복용하기가 훨씬 쉬웠습니다.

이 보조제들은 6주간의 파워리프팅을 하는 동안 제 근육량을 증가시키는 데 도움을 주기 위한 것입니다. 제가 알고 싶은 건 파워리프팅을 통한 B형 속근과 ATP-CP의 증가가 프리다이빙에 도움이 되는지였습니다.

고 에너지 인산염을 위한 파워리프팅
Powerlifting for high energy phosphates

우리의 근육 세포에는 두 가지 고 에너지 인산염이 있습니다. 그것은 1) 당신의 근육 세포가 수축하기 위해 사용하는 분자인 아데노신 삼인산ATP, Adenosine Tri-Phosphate과 2) ATP를 충전시키는 분자인 크레아틴 인산CP, Creatine phosphate입니다.

체내의 모든 세포가 기능하기 위해서는 ATP가 필요합니다. 근육 섬유를 둘러싼 모든 세포와 그 근육 섬유와 관련된 모든 대사 경로 및 반응은 ATP의 꾸준한 공급을 가능하게 하기 위해 존재합니다. ATP의 공급이 중단되면 근육 섬유는 기능을 멈추게 됩니다.

소량의 ATP가 근육에 저장됩니다. 저장된 양으로는 단지 몇 번의 근육 수축만 가능하기 때문에 그 후에도 ATP의 공급을 유지하기 위해서는 다른 과정이 진행돼야 합니다. 신체는 두 가지 이유 때문에 최소한의 ATP만을 저장할 수 있습니다. 첫째는 ATP가 포도당과 지방보다 커서 너무 많은 공간을 차지하기 때문이고 둘째는 물속에서는 ATP가 불안정하기 때문입니다. 이 두 가지 특성은 ATP가 비효율적인 방법으로 몸에 에너지를 저장하게 만듭니다. 하지만 고맙게도 몸은 에너지를 만들어내는 또 다른 시스템을 가지도록 진화하여 우리는 몇 초 이상 걷고, 말하고, 뛰고, 잠수할 수 있습니다.

CP는 ATP를 충전할 수 있는 간단한 분자입니다. 다시 말해 ATP가 사용되면 노폐물은 CP에 의해 ATP로 다시 재활용될 수 있습니다. CP는 근육 세포에 저장되며 결합된 ATP-CP 시스템은 10~15초 동안 최대 근육 수축을 위해 충분한 에너지를 제공할 수 있습니다. 파워리프터들은 ATP-

CP 시스템을 트레이닝시키는 전문가입니다.

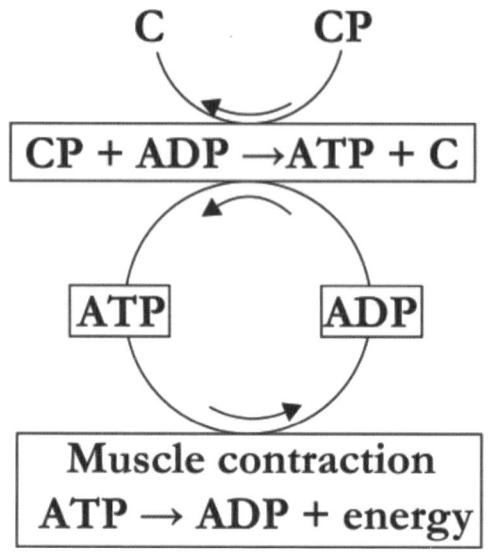

그림 설명: 저장된 ATP-CP로부터 에너지가 공급되는 체계

ATP-CP의 장점은 산소를 사용하거나 이산화탄소를 생성하지 않고 근육 수축을 위해 사용될 수 있다는 것입니다. 가설에 의하면 당신의 몸은 10~15초 동안의 근육 수축에 필요한 충분한 ATP와 CP를 저장할 수 있습니다. 이 정도면 수면에서 10미터 수심까지 헤엄쳐 하강할 수 있습니다. 만약 그렇다면, 중성 부력 구간까지 하강하는 동안 산소를 소비하거나 이산화탄소를 생성하지 않을 수 있을 것입니다. 이렇게 되면 당신이 하강을 시작할 때 많은 양의 CO_2를 배출하는 것보다 다이빙이 훨씬 더 편안해질 것입니다.

ATP와 CP는 모든 근육 수축에 사용되는 첫 번째 분자입니다. 파워리프터들은 주로 ATP와 CP의 에너지 공급에 의존합니다.

> ATP는 '아데노신 삼인산'으로 하나의 아데노신과 세 개의 인산염을 가진 분자를 의미합니다.
> 일단 ATP 분자가 사용되면 단순히 손실되는 것은 아니며 인산염 중 하나를 잃고 아데노신 삼인산에서 아데노신 이인산으로 변하게 됩니다(ADP:adenosine di-phosphate). ATP 분자의 에너지는 기본적으로 아데노신과 인산염의 결합으로 저장되고 분자를 '사용'함으로써 인산염 중 하나를 잃게 됩니다.

근육질 몸 테스트하기 Testing the beefcake

실험 시작 4주 후, 저의 바지는 불편할 정도로 꽉 끼었습니다. 저는 물속에서 움직이는 힘의 대부분을 제공하는 대퇴사두근Quads에 초점을 맞춰 훈련을 진행했습니다. 6주 동안 4kg 정도 체중이 증가했는데 대부분 초반 3주 동안 증가했습니다. 저는 이 실험을 위해 충분히 준비했다고 생각했지만 허벅지가 두꺼워질 것에 대비해 헐렁한 바지를 준비하는 것을 깜박 잊었습니다.

숨을 참는 동안 여분의 근육이 모두 유용한지 테스트하기 위해 저는 실험기간 첫 3주 동안과 마지막에 한 번, 옥시미터를 착용하고 폐의 공기를 내뱉은 후 일련의 스쿼트를 진행했습니다. 이 실험을 시작하기 전 엠티렁 스쿼트를 했을 때 평균 산소 포화도는 80% 정도였습니다.

1분간의 준비 호흡 후 숨을 완전히 내뱉고 45초 동안 스쿼트를 하는 것은 나쁘지는 않았지만 좋지도 않았습니다. 하지만 좋지 않았던 이유는 스쿼트 횟수에 나타나지 않았습니다. 처음 스쿼트를 한 후 꼬박 3일 동안 오른쪽 엉덩이 근육을 쓸 수 없었습니다. 계단을 내려갈 때면 난간을 잡고 천천히 내려가야 했어요. 난간 없이 길을 걸어가는 모습이 마치 영국 코미디 프로 '이상한 걸음부'의 주인공 같아 보였습니다. 울트라마라톤을 한 후 다리가 풀린 킹콩 같았어요. 그래서 3일에 한 번이 아니라 8~10일에 한 번씩 하는 게 좋겠다는 생각이 들었습니다.

3주간 엠티링 스쿼트 이후 평균 산소 포화도가 91%까지 올라갔고 실험의 나머지 기간 동안에도 유지되었습니다. 더 좋았던 점은 스쿼트 후 다리가 아프긴 하지만 적당한 달리기나 체육관을 다닐 수 있게 됐다는 것이었습니다. 크레아틴 보충을 중단한 후에도 몇 달 동안 효과는 지속됐습니다. 근육질 몸 만들기가 효과가 있었어요!

> 회의론자들은 "그래서 내가 어떻게 해야 할까, 크레아틴을 먹어야 할까, 아니면 근력 운동을 해야 할까?"라고 생각할지도 모릅니다. 저는 근육 세포에서 이용 가능한 ATP와 CP의 양을 늘리기 위해 근력 운동과 크레아틴 보충제를 함께 사용했습니다. 속근 섬유는 많은 양의 ATP와 CP를 포함하고 있기 때문에 크레아틴 보충제 없이 근력 운동만으로도 비슷한 결과를 얻을 수 있습니다. 하지만 시간이 더 걸립니다. 크레아틴은 삼투압을 통해 작용하며 근력 운동 없이 보충제만으로 근육에 크레아틴을 넣을 수 있습니다. 크레아틴('보충제' 부분 참조)이나 근력 운동으로 효과를 얻을 수 있지만, 빠르고 큰 결과를 원한다면 두 가지를 병행해야 합니다.

공기 호흡: 유산소 대사
A breath of air: aerobic metabolism

고 에너지 인산염이 떨어지면 산소 저장소가 고갈되기 시작합니다. 하지만 그 산소는 정확히 어디에서 오고 얼마나 빨리 고갈될까요?

산소는 폐의 폐포를 통해 체내에 흡수됩니다. 폐포는 O_2 분자가 적혈구의 단백질인 헤모글로빈에 결합하도록 합니다. 적혈구는 혈관을 통해 몸 안의 장기와 근육으로 운반됩니다. 더 많은 산소를 운반할 수 있다면 프리다이버는 더 오래 그리고 더 깊게 잠수할 수 있습니다.

숨을 참기 시작할 때 인간은 보통 총 산소의 약 50-60%를 산소화된 혈액에, 30-35%의 산소는 폐에, 그리고 나머지는 근육에 저장합니다.

폐는 가슴에 있는 크고 공기로 가득 찬 스펀지 같은 기관으로, 포유류가 산소를 흡입하고 이산화탄소를 배출할 수 있도록 하는 호흡기관의 일부입니다. 공기는 코나 입을 통해 흡입되고 후두엽, 기도, 기관지를 지나 폐포에 도달합니다. 폐포는 확산을 통해 가스가 교환되는 폐의 작은 공기 주머니입니다. 폐포를 통해 CO_2는 혈액으로부터 방출되고 O_2는 혈액으로 흡수됩니다.

폐는 인간의 큰 산소 저장소로 우리가 숨을 참고 다이빙할 때 전체 산소의 30-35%를 저장할 수 있습니다. 폐는 늑골(갈비뼈 또는 흉부) 안에 들어 있습니다. 늑골은 뼈, 연골, 근육으로 이루어져 있으며 단단합니다. 늑골 아래 폐는 횡격막으로 둘러싸여 있습니다. 늑골의 근육, 횡격막, 그리고 어깨 주위의 근육은 폐의 팽창을 허용합니다.

폐는 늑골보다 유연합니다. 따라서 폐활량을 증가시키는 가장 간단한 방법은 늑골의 유연성을 증가시키는 것입니다. 많은 프리다이버들은 늑골의 유연성을 증가시키기 위해 다이빙 전 부분적으로 흉부 스트레칭에 초점을 맞춘 스트레칭을 합니다. 폐활량을 증가시키는 또 다른 좀 더 위험한 방법은 패킹Packing이 있습니다. 패킹은 폐를 과도하게 팽창시키는 것입니다.

제가 아는 한 패킹으로 폐활량의 최대 증가폭을 보인 사람은 스티그 세베린센[2]Stig Severinsen입니다. 그는 원래 대단한 폐활량인 9리터를 패킹 후 14리터로 늘렸습니다. 이것은 폐 용적이 65% 증가한 것입니다. 만약 초급 프리다이버가 폐활량을 65% 증가시킨다면, 이는 총 산소 저장량의 약 20~22%의 증가에 해당하는 놀라운 양입니다. 하지만 불행하게도 모든 일에는 대가가 따릅니다. 패킹은 폐를 과도하게 팽창시키기 때문에 심각한 폐 손상을 야기할 수 있습니다. 또한 패킹 후 증가된 모든 공기는 부력을 증가시켜 14리터의 공기를 마신 후 중성 부력 구간까지 내려가려면 많은 에너지가 필요합니다.

산소는 혈액 속의 헤모글로빈에 의해 폐에서 필요한 곳으로 운반됩니다. 헤모글로빈(Hgb)은 철분을 함유한 단백질로 산소와 결합한 후 적혈구가 산소를 몸 전체에 운반하게 됩니다.[3] 남성의 경우 14~18g/dℓ, 여성의 경우 12~16g/dℓ 입니다. 헤마토크릿Hematocrit(HCT, 포장된 셀 볼륨 또는 PVC라고도 함)은 적혈구가 구성하는 혈액량의 부분을 측정합니다.

---

2 『호흡학, Breatheology』의 저자

3 혈액에 저장된 총 산소 중 아주 적은 양이 혈장에 용해됩니다. 일반적으로 혈액에 저장된 총 산소의 1.5% 미만입니다(따라서 몸 전체에 저장된 총 산소의 1% 미만임).

남성의 경우 정상 범위는 40~54%, 여성의 경우 정상 범위는 37~47%입니다. 헤마토크릿과 헤모글로빈은 동일하지는 않지만 둘 다 적혈구 수를 반영합니다.

혈액은 체내에서 가장 큰 산소 저장고로, 전체 산소 저장소의 약 50~60%를 차지하기 때문에 많은 정상급 프리다이버들이 혈액의 질을 높이기 위해 노력했습니다. 혈중 산소 저장 능력을 증가시키는 방법에는 1) 총 혈액량을 증가시키는 방법과 2) 적혈구의 농도를 증가시키는 두 가지가 있습니다. 운동을 통해 적혈구의 총 혈액량과 농도를 증가시킬 수 있습니다.

유산소 대사 Aerobic Metabolism

유산소 운동을 하는 동안, 산소는 근육에 필요한 만큼 충분히 공급됩니다. 포도당은 산소가 있으면 피루브산으로 전환됩니다. 피루브산은 세포 내의 에너지 공장인 미토콘드리아로 운반됩니다. 여기서 피루브산은 근육 섬유에서 연료로 직접 사용되는 ATP를 생성하기 위해 크렙스 회로 및 산화적 인산화라고 불리는 대사 경로로 들어갑니다(이 용어는 기억하지 않아도 됨). 이것은 포도당 분자당 34 ATP 분자를 생성하는 효율적인 과정입니다.

유산소 운동은 프리다이버에게 좋을까?
Is aerobic exercise good for freedivers?

심장 강화 운동으로도 알려진 유산소 운동이 프리다이버들에게 좋을까요? 심장은 근육의 혈관화를 증가시켜 최대 산소 흡수량(VO_2 max라고도 함)을 증가시킵니다. 이것은 다이빙하는 동안 근육들이 더 많은 산소를 소비할 수 있고 그것을 보존하는 데 덜 효율적일 수 있는 잠재적인 부작용을 가지고 있기 때문에 일부 최고 수준의 프리다이버들은 유산소 운동을 피합니다. 톰 시에타스Tom Sietas, 맨디 레이 크릭섕크Mandy Rae Cruickshank, 나탈리아 몰차노바Natalia Molchanova, 그리고 아론 솔로몬스 Aharon Solomons와 같은 선수 및 전문가들은 유산소 운동보다 지구력 운동과 인터벌 트레이닝 두 가지를 장려합니다.

비록 일부 최고 수준의 프리다이버들이 유산소 운동을 피하는 것을 선택하지만, 저는 중급 프리다이버들에게 유산소 운동은 도움이 된다고 믿습니다. 유산소 운동은 혈액의 질을 높이는 것 외에도 심장과 호흡근을 더 잘 기능하게 합니다. 심장 부정맥도 줄어들 것이고 더 길게 숨참기를 유지하는 데 도움이 될 수 있습니다. 동맥이 유연해져서 혈관 수축과 혈액 이동 중 중심 혈압이 증가하면 동맥이 더 잘 순응할 수 있습니다. 심장 강화 훈련은 또한 CO_2 내성을 증가시킵니다. 좀 더 일반적인 관점에서, 유산소 운동은 장수와 암의 위험을 줄이는 것과 상관 관계가 있습니다.

간단히 말해 유산소 운동은 당신의 심장과 혈관계에 이로운 영향을 주고 CO_2 내성, 혈액의 질과 수명을 증가시킵니다. 저는 중급, 어쩌면 최상급 프리다이버라도 수심 다이빙에 관한 한 유산소 운동을 통해 많은 것을 얻을 수 있다고 믿습니다. 근육 산소 공급의 가장 강력한 제한 요인은 항상 혈액 이동과 혈관 수축입니다.

> 깊이 잠수할 때 혈액 이동이 훨씬 강하다는 점을 기억하십시오. 이러한 이유로, 만약 유산소 운동이 프리다이빙에 나쁘다면, 수영장 종목에서 더 강한 (부정적인) 영향을 미칠 수 있습니다.

미오글로빈: 성배 또는 루머? Myoglobin: holy grail or fabled folly?

근육 내 산소는 미오글로빈이라고 불리는 단백질에 저장되지만 인간은 소량만 가지고 있습니다. 이 단백질은 각각의 근육 세포 안에서 발생합니다. 인체에서 자연적으로 상당한 양의 미오글로빈을 포함하고 있는 유일한 근육은 심장입니다.

미오글로빈은 헤모글로빈보다 산소에 대한 친화력이 높고 두 가지 기능을 가지고 있습니다. 첫 번째 기능은 산소 저장소이고 두 번째 기능은 산소를 운반하는 단백질입니다. 미오글로빈은 모세혈관 내 헤모글로빈에서 산소를 제거한 후 근육 세포 내의 정확한 위치로 산소를 전달합니다.

미오글로빈은 대부분의 잠수하는 포유동물, 특히 바다표범과 고래에서 높은 농도로 존재합니다. 대조적으로 인간은 미오글로빈의 농도가 매우 낮습니다. 제대로 된 연구가 없는 상황에서 인간이 미오글로빈을 더 많이 만들기 위해 근육을 훈련시킬 수 있는지 아는 것은 어렵습니다. 그렇다고 해서 프리다이버들의 노력을 단념시키지는 못했습니다.

> 우리는 지구력 운동선수의 근육이 더 많은 미오글로빈을 함유하고 있
> 다는 것을 수십 년 동안 알고 있었지만 불행하게도, 프리다이빙이나
> 무호흡 운동으로 미오글로빈 저장을 특별히 증가시킬 수 있는지 아직
> 알지 못합니다.

당신의 근육에 여분의 산소가 공급되는 것의 이점을 상상해 보세요. 다이빙을 하는 동안 근육 피로는 생기겠지만 다이빙을 마친 후 통증은 덜 할 것입니다. 당신은 또한 총 산소도 더 많이 운반하게 될 것입니다. 그것은 여분의 산소 저장고이지만 우리는 아직 그 저장고를 늘릴 수 있을지 제대로 알지 못합니다.

미오글로빈을 증가시키기 위해서는 미오글로빈의 단백질에서 산소를 불포화시키는 운동이 필요합니다. 하지만 미오글로빈은 산소에 대한 친화력이 높기 때문에 이것은 달성하기가 쉽지 않습니다[4]. 에릭 파타Eric Fattah는 그의 책 『홀리스틱 프리다이빙Holistic Freediving』에서 미오글로빈 농도를 증가시키는 것을 목표로 하는 수중 훈련 방법을 공개했습니다. 반면 어떤 프리다이버들은 미오글로빈을 증가시키는 훈련으로 압네아 워킹을 지지했습니다.

이러한 방법들은 미오글로빈의 농도가 근육에 미치는 영향에 대한 연구를 통해 엄격히 테스트되어야 합니다. 이러한 연구는 근육 생검을 필요

---

4 제가 아는 바로는 미오글로빈의 체내 산소 친화력은 아직 알려져 있지 않습니다. 산소 친화력은 일반적으로 미오글로빈의 50%가 산소 불포화 상태인 부분 산소 압력인 'p50'으로 정량화됩니다. 이 값은 오직 조직 샘플에서 확인된 것이며 실제 근육에는 확인되지 않았습니다.

로 하며 많은 비용이 들 것입니다. 아마도 스포츠가 성장함에 따라 이러한 종류의 연구들이 진행될 것이고, 우리는 답을 얻을 것입니다. 현재 우리가 할 수 있는 것은 특정 연습의 효과를 테스트하는 것입니다.

근육 산소 포화도 테스트 Testing muscle oxygenation

밴쿠버에서 열린 G-Tech 헬스 세션에서 "평범한 사람처럼 쿠엔틴 타란티노의 영화를 보러 가면 어떨까?"라는 생각이 여러 번 떠올랐지만 저는 영화를 보는 대신 돈을 내고 Moxy 근육 산소 모니터를 사용해 숨을 참으며 일련의 무호흡 테스트를 진행했습니다.

그것들은 단순한 테스트가 아니었습니다. 저는 근육의 산소를 제거하기 위해 할 수 있는 모든 노력을 다했습니다. 저는 아직도 그 테스트들을 마친 후 자전거를 타고 집에 돌아왔다는 것을 매우 자랑스럽게 생각합니다.

새로운 미오글로빈의 발생을 유도하기 위해 근육의 미오글로빈을 불포화시킬 수 있는 운동을 찾는 것이 테스트의 목표였습니다. 이것은 사실상 우리가 근육에 더 많은 산소를 운반하고 총 산소 저장고를 증가시키는 방법이 될 것입니다.

> 체내 여분의 철분은 그것이 필요한 곳으로만 갑니다. 만약 당신의 훈련에 전신성 저산소 주기가 포함되어 있다면 혈액의 질은 증가할 것입니다. 만약 당신의 훈련이 근육 내 산소 제거를 포함한다면 미오글로빈은 증가할 수 있습니다. 하지만 이것은 육지에서 하기 매우 어렵고, Moxy 근육 산소 모니터와 같은 근적외선 분광법NIRS, Near Infrared Spectroscop으로만 테스트할 수 있습니다. 이를 위해서는 SaO_2를 높게 유지하면서 근육에서 산소를 빼앗아야 합니다. 그렇지 않으면 혈액의 질만 좋아질 가능성이 높습니다.

저는 Moxy를 사용해 압네아 워킹, 높은 강도의 인터벌 훈련, 벽에 등 대고 앉기, 한 다리 서기, 그리고 다른 여러 운동 중에 근육 산소 포화도를 테스트했습니다. Moxy는 근육 산소(SmO_2)에 대한 0-100%의 수치와 근육으로 가는 혈류에 대한 수치(Thb)를 제공합니다. 장치는 매 초마다 측정을 수행합니다. 동시에 저는 옥시미터와 심박수 측정 스트랩도 착용했습니다.

Moxy는 판독이 직접적이기 때문에 저는 마침내 숨을 참는 운동에 필요한 생리적 반응을 테스트할 수 있었습니다. "압네아 워킹을 하는 동안 산소는 계속 근육에 공급될까? 숨을 내뱉고 압네아 워킹을 하는 건 어떨까? 실내 자전거를 타면서 CO_2 운동을 하는 건 어떨까? 호흡 수를 제한하면 SmO_2 값이 떨어질까?"

테스트 결과 근육에 산소를 불포화시키는 것은 쉽지 않은 것으로 밝혀졌습니다. 숨을 참고 드라이 트레이닝을 하는 동안에도 우리의 몸은 근육에 산소 공급을 매우 잘 하는 것으로 확인됐습니다. 특정 근육을 지속적으로 불포

화시킬 수 있는 유일한 방법으로 확인된 것은 저산소 스쿼트입니다.(P.136)

Moxy[5]와 같은 장치를 사용하면 프리다이버들이 필요에 따라 운동을 조정할 수 있습니다. 손끝에서 측정하는 옥시미터는 지연되고 근육에서 일어나는 현상을 잘 측정하지 못합니다. 반면 Moxy는 필요한 위치에서 정확히 측정합니다. 하지만 Moxy의 가격은 현재 $1,000에 육박하기 때문에 대부분의 프리다이버들이 간단한 훈련 도구로서 사용하지는 않을 것입니다. 아마도 가까운 미래에 우리는 동네 체육관에서 Moxy나 비슷한 기구를 사용해 우리가 올바른 방향으로 훈련하고 있는지 확인할 수 있을 것입니다.

젖산
Lactate

근육 내 미오글로빈 또는 헤모글로빈에서 산소를 공급받지 못하는 경우에도 에너지를 생성할 수 있습니다. 근육은 포도당이나 글리코겐을 섭취하여 에너지와 젖산으로 전환할 수 있습니다. 만약 당신이 2분 동안 전면 운동(예, 고강도 인터벌 훈련)을 해본 적이 있다면 근육에 젖산 수치가 높아지는 것이 얼마나 고통스러운 일인지 느껴봤을 것입니다. 근육은 높은 젖산 수치를 오랫동안 유지할 수 없습니다.

근육에 젖산이 생산되면 근육을 더 산성으로 만드는 자유 수소 이온도

---

[5] 저는 Moxy와 아무 관련이 없습니다. www.moxymonitor.com에서 더 자세히 알아보십시오.

함께 생산됩니다. 이것은 다리 열감과 근육 피로를 유발합니다. 아마도 당신의 긴 다이빙 후반부에 이것을 느꼈을지도 모릅니다. 만약 그렇다면 '젖산 훈련'을 통해 많은 양의 젖산을 처리하도록 할 수 있습니다.

잠수하는 동안 산소 공급은 천천히 감소합니다. 근육으로 공급되는 산소가 수요를 따라가지 못하면 무산소 신진대사가 대신합니다. 무산소 대사 동안 신체는 나중에 지불해야 할 산소 부채가 생깁니다(예, 전력 질주 후 호흡이 가빠지는 것). 따라서 스프린트 같은 무산소 고강도 운동은 약 2분 이상 지속할 수 없습니다. 물론, 프리다이빙은 에너지 출력이 낮기 때문에 아마도 프리다이버들은 무산소 신진대사를 더 오래 유지할 수 있을 것입니다.

무산소 대사 동안, 포도당은 ATP로 빠르게 전환되며 부산물로 젖산염을 생산합니다. 각각의 포도당 분자에서 두 개의 ATP 분자가 생성됩니다. 이 반응 프로세스가 포도당의 유산소 처리보다 훨씬 더 빨리 진행되기 때문에 짧은 시간 동안 근육에서 더 많은 에너지를 사용할 수 있는 것입니다.

> **젖산에 대한 오해**
>
> 젖산이 근육의 피로와 통증을 유발하는 물질이라는 것은 스포츠 과학계의 끈질긴 속설입니다. 젖산은 근육에서 생성되는 것이 아닙니다. 그것은 사실 젖산염(젖산에서 수소원자 하나를 뺀 것)이고, 젖산은 오히려 운동하는 동안 우리에게 도움을 줍니다. 가장 최근의 연구에서 젖산은 더 많은 ATP를 생산하기 위해 세포에서 처리된다는 것이 밝혀졌습니다. 그렇다면 통증의 원인은 무엇일까요? 아직 연구자들도 정확한 답을 찾지 못했습니다.

근육 섬유와 신진대사
Muscle fibre and metabolism

우리 몸에는 세 가지 종류의 근육 섬유가 있습니다. 이들은 각각 다른 운동에 적합하며 우리가 다이빙하는 동안에도 각각 다르게 활용됩니다.

느린 수축 근육 섬유(지근)는 수축 시간이 느리고 피로에 대한 저항력이 높습니다. 그들은 에너지 공급을 위해 주로 유산소 대사에 의존합니다. 만약 당신이 느린 속도로 달리거나 걷는다면 주로 이 지근을 사용하게 됩니다.

빠른 수축 근육 섬유(속근)는 느린 수축 근육 섬유와 반대입니다. 이 근육 섬유들은 무산소 연료에 대한 의존도가 높습니다. 그들은 풍부한 크레아틴 인산염과 산소가 없을 때 ATP 생성을 가능하게 하는 효소를 포함하고 있습니다. 이 섬유들은 많은 양의 힘을 내지만 피로에 민감합니다. 속근은 단거리 달리기, 파워리프팅, 그리고 짧게 힘을 쓰는 활동들을 위해 사용됩니다. 속근 섬유는 A형과 B형으로 세분됩니다.

A형 속근 섬유는 젖산이 있는 곳에서 작동하도록 최적화되어 있습니다. 예를 들면 400미터 달리기를 하는 동안 작동하는 지배적인 섬유입니다(지근과 B형 속근의 중간). 최대 2분간의 운동을 할 때 대부분의 일을 하는 섬유입니다. 다이빙 반응은 무산소 근육 대사를 촉진하고 혈중 젖산 수치를 빠르게 상승 시킵니다. 2001년 한 연구에 따르면[6] 프리다이버들은 에너지의 최대 50%를 젖산 대사로부터 얻는다고 합니다.

---

6 Ferretti, 2001. Extreme human breath hold diving. European Journal of Applied Physiology 84: 254-271.

B형 속근 섬유는 1분 이내에 매우 짧은 운동과 피로에 효과가 있도록 최적화되었습니다. 이것은 파워리프터들에게 지배적인 섬유입니다. 이 섬유는 최대 15초까지 운동에서 대부분의 작업을 수행합니다.

근육은 유산소 또는 무산소 조건하에서 수축할 수 있습니다. 유산소 조건하에서 근육에 산소를 공급하는 것은 수요를 충족시키기에 충분합니다. 저산소증, 혈액 이동, 혈관 수축 또는 높은 에너지 요구로 인해 산소 요구량이 근육에 대한 공급을 초과한다면 유산소 대사로는 충분하지 않을 것입니다. 이러한 조건하에서는 무산소 대사를 통해 필요한 에너지를 추가로 제공합니다.

만약 산소 공급이 감소하거나 강도가 증가한다면, 유산소 대사는 필요한 일을 하기에 충분한 에너지를 전달하지 못할 수 있습니다. 예를 들어 스프린트를 할 때 이런 문제가 발생합니다. 근육은 근육으로 전달될 수 있는 것보다 훨씬 더 많은 산소를 필요로 할 것입니다. 이 경우 비록 짧은 시간 동안만 가능할지라도 무산소 대사를 통해 근육에 에너지를 공급할 것입니다.

다이빙에 필요한 근육 섬유 유형은?
What muscle fibre type do I need for diving?

모든 종류의 근섬유가 프리다이빙을 하는 동안 사용되지만, 정확한 비율은 사람마다 다릅니다. 이것이 개별적인 운동 처방을 어렵게 만듭니다. 그러나 우리는 프리다이빙의 특정 부분에서 어떤 섬유 유형이 가장 지배적인지 식별하고 그에 따라 적절히 훈련할 수 있습니다.

당신은 이상적인 다이빙을 하는 동안 하강을 위해 ATP-CP 시스템에 의존한다는 것을 알게 되었습니다. 속근 섬유는 지근 섬유보다 ATP-CP를 더 많이 저장합니다.

당신이 프리폴 단계에 도달하면 당신의 몸은 유산소 신진대사를 하게 됩니다. 이때 근육에 필요한 산소는 세포가 살아 있도록 하기 위한 정도만 있으면 됩니다. 그들은 혈관 수축에도 불구하고 여전히 공급되는 적은 혈액으로부터 이 산소를 얻을 수 있습니다. 상승을 시작할 때 당신은 근육의 산소가 고갈될 때까지 잠시 동안 유산소 대사에 의존하게 될 것입니다. 근육 내 미오글로빈에 산소를 더 많이 저장할수록 더 좋습니다. 유산소 대사와 미오글로빈의 저장을 위한 최고의 근육 섬유 유형은 지근 섬유입니다.

근육 내 산소가 고갈된 후 무산소 대사는 유산소 대사를 대신합니다. 수면으로 올라와 숨을 쉬기 전까지는 이것이 지배적인 과정입니다. 속근 섬유는 무산소 대사에 가장 좋습니다.

앞에서 설명한 것처럼 당신은 모든 근육 섬유와 다이빙의 모든 부분에 대한 훈련이 필요합니다. 하지만 당신의 다이빙 중 어떤 부분이 잘 진행되지 않는지 생각해 보면, 특정 훈련을 통해 어떻게 그것을 고칠 수 있는지 알 수 있을 것입니다. 필요한 근육 섬유 유형의 비율은 개인의 다이빙 유형과 체형에 따라 달라집니다.

자신의 체형에 맞는 훈련 Training for your body type

프리다이버들이 모든 종류의 근섬유를 사용한다는 것을 고려해 볼 때, 프리다이빙은 모든 체형을 위한 스포츠일까요? 기욤 네리 Guillaume Nery,

알렉세이 몰차노브Alexey Molchanov, 윌리엄 트루브리지William Trubridge 와 같은 세계적인 프리다이빙 선수들의 체형은 다 다릅니다. 제가 살고 있는 밴쿠버 지역의 프리다이버들 또한 다양한 체형을 가지고 있으며 체형과 그들의 기술 수준 사이에는 뚜렷한 상관관계가 없습니다.

2017년 여름, 저는 코너 데이비스Connor Davis와 함께 바하마에서 다이빙을 했습니다. 그는 호흡을 내뱉고 다이빙했으며 몸무게는 약 70kg으로 날씬하지만 근육질 체격에 지근 섬유가 많은 것 같았습니다. 그리고 스펙트럼의 반대쪽 끝에는 제가 있었습니다. 98kg의 운동형 체격에 아마도 많은 비율은 속근 섬유일 것입니다. 물속에서 우리의 능력은 크게 다르지 않았지만 잠수하는 방법은 매우 달랐습니다.

코너는 사실상 두 번의 킥을 사용해 중성 부력에 도달했고 거기서부터는 거의 움직이지 않고 천천히 목표 수심까지 하강했습니다. 그는 얇은 슈트를 입고 숨을 내뱉고 다이빙을 했기 때문에 수면에서는 그다지 부력이 없었습니다. 코너는 다이빙을 시작할 때 매우 적은 에너지를 소비하고 그로 인해 이산화탄소를 거의 배출하지 않습니다. 그는 중성 부력 수심까지 내려가는 데 적은 힘이 필요했고 수면에서의 양의 부력과 깊은 수심에서의 음의 부력의 차이가 낮기 때문에 수면으로 상승하는 데 더 적은 에너지와 힘을 필요로 했습니다(숨을 내쉬고 다이빙을 했기 때문에 하강과 상승 시 폐의 부피의 변화가 적어 부력의 차이도 적음). 반면에 저는 차가운 물에서 8mm 슈트를 입고 잠수합니다. 따라서 수면에서 부력이 강하고 심지어 모노핀을 착용하고도 중성 부력 수심까지 내려가기 위해서는 매우 강한 피닝이 필요합니다. 제 두꺼운 슈트와 초반에 하강하는 데 필요한 웨이트 때문에 저는 중성 부력에 도달한 후부터 바위처럼 가라앉고 다시 상승하기 위해서도 많은 힘이 필요합니다.

코너와 같은 프리다이버는 하강과 상승에 많은 속근을 필요로 하지 않습니다. 그는 많은 힘을 낼 필요가 없고 짧은 근육 수축만으로 효과를 발휘합니다. 저와 같은 다이버는 1) 중성 부력에 도달할 수 있는 충분한 힘을 생성하고, 2) 하강 중에 발생하는 CO_2의 양을 제한하기 위해 속근이 필요합니다. 그 추가적인 힘과 차가운 물에서 다이빙하는 것은 혈관 수축을 증가시키기 때문에 저는 속근이 더 필요하고 상승 중에 젖산이 더 많이 축적됩니다.

다이빙에 이상적인 체형은 없을 수도 있고 완벽한 다이버는 이론상으로만 존재합니다. 엠티렁Empty lung 다이버와 풀렁Full lung 다이버의 이상적인 근육 구성은 다르고 또한 얇은 슈트를 입는 다이버는 두꺼운 슈트를 입는 다이버와 이상적인 근육 구성이 다릅니다. 좋은 수준의 체력을 유지하고 어떤 스타일의 다이빙이 당신에게 효과가 있는지 확인하려고 노력하기 바랍니다.

큰 근육이 프리다이버에게 좋을까? Bigger muscles, better muscles?

대부분의 프리다이버들은 더 큰 근육이 더 높은 기초대사율(BMR, Basal Metabolic Rate)로 이어진다고 믿습니다. 이것은 사실입니다. BMR은 사용하는 방정식에 따라 kg당 체질량이 10~15kcal씩 증가하거나 체질량을 추가한 린 kg(근육)당 21.6kcal씩 증가합니다.

문제는 이러한 BMR의 증가가 우리의 다이빙에 영향을 미치는가 하는 것입니다. 60kg에서 65kg으로 약 5kg의 근육이 늘어난 프리다이버를 상상해 보십시오. 이 프리다이버는 BMR이 하루에 1,666 kcal에서 1,774

kcal로 증가하게 됩니다[7]. 이 프리다이버는 전에 5분 정도의 스테틱Static, 정적 숨참기을 할 수 있었지만, 만약 BMR이 오직 숨을 참는 데만 영향을 준다고 가정할 경우(비교를 위한 단순화), 최대 4분 42초만 스테틱을 할 수 있게 됩니다.

이러한 스테틱 시간의 감소는 아마도 과대평가된 것일 겁니다. 왜냐하면 혈관 수축은 팔다리의 근육이 사용할 수 있는 에너지의 양을 제한할 것이기 때문입니다. 그럼에도 불구하고 우리는 더 큰 근육이 스테틱에는 좋지 않다는 것을 충분히 추측할 수 있습니다.

하지만 다이나믹이나 수심 종목에서는 어떨까요? 근육이 클수록 더 좋을까요? 근육은 고 에너지 인산염과 산소를 모두 저장합니다. 더 큰 근육들이 프리다이버에게 효과가 있는지는 많은 개별적인 요소들에 달려 있고, 제가 아는 바로는 아직 명확한 답을 가지고 있지 않습니다.

저는 2017년에 크레아틴과 단백질 보충제가 일련의 무호흡 스쿼트에 미치는 영향을 실험했습니다. 제가 처음 이 실험을 시작했을 때, 평균 SaO_2는 80%였습니다. 2주 내에 린 질량은 4kg(~9lb) 증가했고 스쿼트 후 평균 SaO_2는 91%였습니다. 이것은 엄청난 차이이며 근육에 저장된 고에너지 인산염에 의해 야기된 것 같았습니다.

격렬한 무호흡 운동에는 큰 근육이 더 좋아 보입니다. 제가 CWT나 DYN에 미치는 영향을 테스트한 적은 없지만, 근력 훈련으로 손해 볼 것은 없다고 생각합니다. 결국, 당신은 근육에 저장된 산소와 에너지가 필요하고 더 큰 근육은 이 두 가지를 더 많이 저장하기 때문입니다.

하지만 얼마나 큰 게 좋을까요? 앞에서 언급했듯이 그것은 당신의 체

---

[7] Katch-McArdle 공식을 사용함. P= 370 + (21.6xLBM). LBM = lean body mass.

형과 다이빙 스타일에 따라 다릅니다. 두꺼운 슈트를 입고 풀렁 상태에서 잠수한다면 여분의 큰 근육이 필요하겠지만 얇은 슈트를 입고 엠티렁 상태로 잠수한다면 근육이 거의 필요하지 않을 것입니다.

해양 포유류는 어떻게 잠수할까?
How do marine mammals dive

우리는 해양 포유류로부터 무엇을 배울 수 있을까요? 물론 그들은 유전적으로 숨참기에 적응했기 때문에 우리는 바다표범, 바다사자, 고래 등과 결코 경쟁할 수 없을 것입니다. 하지만 다이빙을 계속한다면 적응력도 더 좋아질까요? 그리고 우리가 다이빙에 접목할 수 있는 습관이 있을까요? 둘 다 대답은 'Yes'입니다.

> **바다사자와 물범(바다표범)**
> 바다사자도 물범과라는 것을 알고 있었나요? 물개과에는 바다사자와 물범 두 종류가 있습니다. 바다사자는 보통 숨을 들이마시고 잠수하며 앞발을 이용해 움직입니다. 그들은 빠르고 민첩합니다. 물범은 숨을 내쉬고 잠수하며 뒷발을 사용합니다. 그들은 에너지를 절약하는 데 전문가입니다.

포유류의 잠수 반응: MDR The mammalian diving response

포유류의 잠수 반응은 우리가 숨을 참는 동안 산소를 보존할 수 있게 해줍니다. 다이빙 반응은 특정 물리적 자극에 반응하는 신체의 즉각적인 반응을 총칭하는 용어입니다. 이러한 특정 유발 요인은 다음과 같습니다.
- **안면 냉각**: 일반적으로 (차가운)물에 얼굴 담그기
- **무호흡**: 숨참기

안면 냉각은 마스크를 벗고 몇 분 동안 물속에 얼굴을 담근 채 스노클을 통해 호흡함으로써 유도될 수 있습니다. 이것은 다이빙에 앞서 잠수 반응을 유도할 수 있는 좋은 방법입니다. 안면 냉각과 무호흡은 유일하게 입증된 두 가지 잠수 반응 촉발제입니다. 하지만 많은 프리다이버들은 수중에서의 압력 증가나 횡격막의 위쪽 수축(엠티렁 상태) 등과 같은 다른 물리적 자극이 역할을 한다고 믿고 있습니다.

잠수 반응의 결과로 산소를 보존하는 즉각적인 반응은 :
- **서맥**: 심장 박동 수 감소
- **비장 수축**: 비장이 산소화된 혈액을 방출하도록 야기
- **말초혈관 수축**: 팔과 다리의 혈액 흐름을 제한하는 것

수심 다이빙에서는 혈액 이동의 영향도 있습니다. 혈액 이동은 사지의 혈액량을 희생하여 흉부의 혈액량을 증가시키는 것입니다. 이것은 본질적으로 음압으로부터 폐를 보호하고 근육에서 무산소 대사를 촉진합니다.

> 바자우 라우트족: 수중 사냥으로 살아가는 동남아의 바다 민족, 유전적인 적응을 통해 농사를 짓는 이웃 부족보다 평균적으로 50% 더 큰 비장을 가지고 있습니다. 이것은 그들이 물속에서 더 오래 머물 수 있게 해줍니다.

이러한 잠수 반응은 시작하자마자 모두 동시에 작동합니다. 서맥은 심박수 모니터로 쉽게 측정할 수 있습니다. 비장 수축과 혈액 이동도 측정할 수 있지만 특별한 장비가 필요합니다. 따라서 서맥, 즉 심박수의 변화는 일반적으로 잠수 반응의 정도를 측정하는 데 사용됩니다.

본질적으로 포유류 잠수 반응은 숨을 오래 참는 동안 당신을 살아 있게 하는 현상입니다. 산소가 부족할 때 계속 기능하는 것이 신체의 방식입니다.

포유류 잠수 반응은 바다표범이나 고래와 같은 해양 포유류에서 특히 강하게 나타납니다. 바다표범의 심박수는 분당 100회 이상에서 잠수 시 10회 미만으로 떨어질 수 있습니다. 이것은 90% 이상의 놀라운 감소입니다. 그들의 극단적인 잠수 반응은 그들이 매우 길고 깊은 잠수를 할 수 있게 해줍니다.

> 포유류의 잠수 반응은 매우 뛰어난 진화적 적응입니다. 잠수 반응은 당신의 반사 신경을 무시하고 몸이 해야 하는 것과 완전히 다른 일을 합니다. 예를 들어 CO_2 농도가 높을 때 확장되어야 하는 혈관은 대신 수축합니다. 또한 격렬한 운동에도 불구하고 훈련된 프리다이버들은 숨을 참는 행위가 서맥, 즉 심박수의 감소를 유발합니다.

인간의 잠수 반응은 별로 강하지 않지만 6개월 미만의 유아에서 상대적으로 강하게 나타납니다. 이 나이가 지난 후 훈련을 받지 않으면 잠수 반응은 점차 약해집니다. 하지만 훈련할수록 더 강해집니다. 잠수 반응을 효과적으로 훈련할 수 있는 가장 좋은 방법은 가능한 많이 다이빙 하는 것입니다.[8]

요약하자면, 안면 냉각과 무호흡은 포유류 잠수 반응을 유발합니다. 이 반응은 서맥(심박수 감소), 비장 수축(산소화된 혈액을 혈류로 방출) 및 혈액 이동(사지로의 혈액 제한)을 유발합니다.

다이빙 프로파일 Diving profiles

대부분의 초보 프리다이버들은 깊은 수심에서 오래 있지 못합니다. 그들은 5, 8, 10 또는 12미터 수심까지 빠르게 하강 후 다시 올라옵니다. 이 다이버들은 전문 바운스Bounce 다이버들이며, 숫자(수심)를 맞추는 데만 초점을 두고 주위를 감상할 수 있을 만큼 충분히 긴장을 풀지 못합니다. 이러한 다이빙 습관은 이 다이버들이 스피어피싱이나 수중 촬영을 하지 않는 한 깊은 다이빙에서도 계속됩니다. 왜냐하면 물고기를 잡거나 사진이나 동영상을 찍기 위해서는 바닥에 머물러야 하기 때문입니다.

바운스 다이빙은 해양 포유류에게도 나타나지만 일반적인 것은 아닙니다. 대신 해양 포유류의 다이빙 프로파일은 일반적으로 U자형입니다. 바다표범과 바다사자의 다이빙의 70% 이상이 U자 모양의 프로필을 가지

---

8 에릭 파타의 책 홀리스틱 프리다이빙 「Holistic Freediving」에는 잠수 반응을 훈련하는 방법을 포함하고 있습니다. 다이빙 반응을 강화하는 가장 좋은 방법은 최대한 다이빙을 많이 하는 것입니다.

고 있습니다. 왜 이 동물들이 이러한 접근법을 취하는지는 명확하지는 않습니다. 아마도 이러한 유형의 다이빙은 대략적으로 총 다이빙 시간은 같지만 V자 형태의 깊은 다이빙보다 하루 종일 유지하기가 쉬울 것입니다.

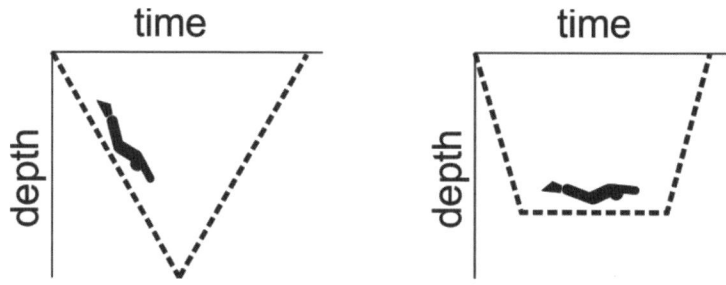

다이빙 프로파일: 'V'(왼쪽)와 'U'(오른쪽)입니다. U는 전형적인 스피어피싱과 수중촬영 다이버, V는 선수 또는 초보 프리다이버에게 나타납니다. 만약 당신이 많은 반복 다이빙을 계획한다면, 목표 깊이가 더 얕은 U자형 다이빙 프로파일을 선택하세요.

　　프리다이버로서 우리는 이 접근법을 모방하고 좀 더 얕고 길게 잠수하는 것을 목표로 해야 합니다. 일반적으로 바닥에 머무는 시간은 총 다이빙 시간의 약 1/3이 되어야 합니다. 보통 바운스 다이빙을 최대 깊이까지 하는 경우, 깊이를 25% 줄이고 다이빙의 1/3을 바텀에서 보내도록 하세요. 예를 들어, 보통 25m까지 1분 동안 바운스 다이빙을 하는 다이버는 15~20m까지만 잠수하여 20초 동안 바닥에서 머물러야 합니다. 이것은 더 편안한 잠수를 유지하는 쉬운 방법입니다. 바텀 타임은 조금씩 늘어날 것이며 최대 수심 또한 증가할 것입니다.

> 바자우족은 수중 사냥을 하는 동안 짧은 잠수를 하고 회복도 짧습니다. 일반적으로 잠수 후 회복 시간은 1분을 넘지 않습니다. 평균적으로 그들은 약 10m, 최대 약 25m까지 잠수합니다. 하지만 2013년에 개최된 대회에서 바자우족이 기록한 가장 깊은 다이빙은 70m가 넘었습니다. 이것은 일관되고 적당한 운동이 최대 기록 시도를 위해 얼마나 도움이 될 수 있는지를 보여주는 완벽한 예입니다.

만약 당신이 두꺼운 수트를 입고 잠수한다면 웨이트를 무겁게 착용하기 때문에 깊은 수심에서 큰 음의 부력을 받고 있을 가능성이 높습니다. 이 경우 당신은 목표 수심에서 오랫동안 머무르기가 어려울 것입니다. 그 수심에 머물기 위해 에너지를 사용하거나 (그렇지 않으면)천천히 가라앉을 것입니다. 저는 바텀에 도달하기 전 하강 속도를 늦춰 다이빙 프로파일이 비대칭 "U"자가 되게 합니다. 25m까지 하강할 때는 20m까지 빠르게 하강하다가 수직 자세에서 벗어나 25m까지 활공합니다. 만약 제가 암벽을 따라 다이빙을 할 경우, 여유가 있다면 암벽에 매달리곤 합니다. 상승을 시작한 후 "산소가 부족한 구간"에서는 많은 시간을 보내지 않기 위해 15m 부터 빠르게 상승합니다.

에너지 효율과 부력 Energy efficiency and buoyancy

바다표범은 일반적으로 잠수 전에 숨을 내쉽니다. 오랫동안 이것은 감압병의 가능성을 줄이기 위한 것으로 여겨졌습니다. 하지만 가장 최근 연구에서 바다표범이 감압병으로부터 그들을 보호하는 다른 적응력을 가지고 있다는 것이 밝혀졌습니다. 그들이 숨을 내쉬며 잠수하는 것은 에너지를 절약하기 위한 것으로 부력을 줄여 중성 부력에 도달하는 데 필요한 에너지를 최소화하기 위한 것입니다.

이것이 프리다이버들에게 왜 중요하고 어떤 영향을 미칠까요? 당신은 잠수를 할 때 수면 부력을 극복하고 하강해야 합니다. 수면에서 중성 부력에 가까운 다이버들의 경우, 이것은 문제가 되지 않습니다. 그들은 중성 부력 구간까지 하강하기 위해 아주 적은 에너지가 필요합니다.

> 토탈 임프레션 스위밍 테크닉Total Impression Swiming technique의 테리 러플린Terry Laughlin은 "선박은 엔진 크기보다 모양이 더 중요하다"고 말했습니다. 프리다이빙에서도 마찬가지입니다.

당신은 Part 1의 내용 중 ATP-CP 시스템이 산소를 소비하거나 이산화탄소를 생성하지 않고 근육에 에너지를 공급하여 모든 면에서 이상적인 연료를 만들어낸다는 것을 기억할 것입니다. 속근 섬유는 지근 섬유보다 ATP-CP를 더 많이 함유하고 있습니다. 수면에서 부력이 큰 다이버들은 강력한 ATP-CP 시스템으로부터 많은 것을 얻을 수 있습니다. 하지만 수트를 입지 않거나 얇은 슈트를 입고 FRC 다이빙을 할 경우 ATP-CP 시스템은 중요하지 않습니다.

저항 극복하기 Overcoming drag

해양 포유동물들과 물속에 사는 대부분의 동물들은 유체 역학적인 형태를 가지면서 수중 환경에 적응합니다. 하지만 인간은 물속에서 벽돌처럼 각진 체형을 가지고 있으며 이것은 명백한 문제가 됩니다.

> 다이빙을 위해 적절한 웨이트의 양은 얼마일까요? 우리가 최소 10m에서 중성 부력을 맞추는 이유는 안전을 위해서입니다. 하지만 에너지 측면에서 가장 효율적인 방법은 우리 목표 수심의 정확히 절반으로 중성 부력을 맞추는 것입니다.

프리다이버의 경우, 좋은 유선형 모양을 만들기 위한 주요 요건은 어깨 유연성에 달려 있습니다. 팔을 머리 옆에 붙일 수 있다면 당신은 유연한 어깨를 가지고 있는 것입니다. 하지만 머리를 따라 팔을 움직일 때 허리 부위가 움푹 들어간다면 엉덩이 쪽은 단단해지고 엉덩이 주위에서 저항이 발생하게 됩니다. 제 생각엔 적어도 50%의 프리다이버들은 이 문제를 가지고 있습니다.

당신은 스트림라인 자세에 따라 저항의 차이가 있는지 궁금했을 것입니다. 팔을 머리 옆에 붙이는 자세가 정말 도움이 될까요? 그냥 몸 옆에 붙이면 안 될까요? 우리는 수영 선수들에 대한 선행 연구 덕분에 이 질문에 대한 답을 알고 있습니다. 팔을 머리 옆에 붙이는 수영 선수와 비교했을 때 팔을 몸 옆에 붙이는 수영 선수의 항력 계수는 1.7배 이상 차이가 납니다. 어깨 유연성이 부족한 사람들에게는 안타까운 소식이지만 이것은 분

명한 사실입니다. 따라서 우리는 효과적인 스트레칭을 필요로 합니다.

저항을 극복하기 위한 스트레칭 훈련은 근력이나 파워를 키우기 위한 훈련들보다 시간이 더 오래 걸립니다. 유연성 향상을 위해서는 연결조직들의 변화를 유도해야 하는데 짐내스틱 바디즈Gymnastic Bodies(체조 선수 몸 만들기)코스를 만든 크리스토퍼 소머스Christopher Sommers 코치에 따르면, 연결 조직의 변화는 평균 8개월이 걸린다고 합니다.

이 책의 Part 3에는 유연성과 스트림라인을 향상시키기 위해 매일 할 수 있는 몇 가지 쉬운 스트레칭과 가동성 운동이 소개되어 있습니다.

식단과 프리다이빙
Diet and freediving

식단 조절은 프리다이빙뿐만 아니라 여러 분야에서 뜨겁게 논의되고 있는 주제입니다. 최적의 식단은 무엇일까요? 다른 데서 하는 여러 종류의 식단 대신 우리는 다른 접근을 해보려고 합니다. 현재 프리다이버들에게 꽤 인기 있는 몇몇 식단과 사라져야 하는 오해들이 있습니다. 이러한 식이 요법들과 오해들에 대해 알아보겠습니다.

탄수화물에 대한 생각들 Some thoughts on carbs

제가 첫 프리다이빙 코스를 들었을 때, 강사들은 "탄수화물은 당신의 친구입니다. 탄수화물을 많이 섭취하세요"라고 저에게 강조했습니다. 전 이해할 수 없었습니다. 몇 년 전으로 돌아가도 여전히 이해가 안 가겠지만 지금은 그 이유를 논할 수 있습니다. 적어도 이 이야기는 훨씬 더 복잡합니다.

운동선수가 약 90분 이상의 지구력 운동을 할 때 탄수화물을 사용해 근육에 더 많은 글리코겐을 저장합니다. 350와트의 에너지를 생산하는 사이클 선수는 90분 안에 456Kcal를 잃게 됩니다. 그 에너지의 일부는 글리코겐에서 나옵니다.

하지만 프리다이버는 어떨까요? 세계 기록 보유자인 알렉세이 몰차노브Alexey Molchanov는 130미터까지 다이빙하는 동안 아마도 5Kcal 미만의 에너지가 필요할 것입니다. 이는 돌고래가 사용하는 1Kcal에 비하면 엄청난 양이지만[9] 우리가 글리코겐 형태로 저장하는 1,700Kcal에 비하면 매우 작습니다. 깊은 수심 다이빙 동안 많은 피닝을 한다고 해도 프리다이버에게 과연 탄수화물 저장이 필요할까요?

다이빙 세션 동안 손실되는 에너지는 대부분 열로 손실됩니다. 열 손실만으로 2시간 동안의 다이빙 세션에서 1,000Kcal 이상을 쉽게 잃을 수 있습니다. 열 손실의 일부는 신진대사율 증가로 상쇄될 것이며, 이러한 이유로 인해 일반적으로 차가운 물에서의 잠수가 따뜻한 물에서의 잠수보다 짧아집니다. 하지만 잠수하는 동안 이렇게 많은 열을 발생시킬 수 있는 방

---

[9] 돌고래는 같은 조건에서 1Kcal 미만의 에너지를 사용한다. (Trassinelli, 2016, Journal of theoretical biology 396, 42-52)

법은 없습니다. 당신의 체온은 떨어질 것이며 대부분의 열은 다이빙 후에 발생합니다.

차가운 물에 오랜 시간 잠수한 후 당신의 손과 발(그리고 아마도 팔과 다리)이 얼마나 차가워지고 그 후 완전히 따뜻해지는 데 얼마나 시간이 걸리는지를 생각한다면 쉽게 이해가 될 것입니다. 2시간 안에 1,000Kcal를 잃을 것에 대비하기 위해 '미리 먹는' 방법을 선택할 수 있습니다. 이것은 비건 라자냐 0.8kg 또는 치즈 버거 약 세 개 반을 먹는 것을 의미합니다. 말할 필요도 없이, 특히 다이빙 세션 전 그렇게 많은 음식을 섭취하는 것은 좋지 않습니다.

대부분의 프리다이버들은 다이빙 세션 전에 식사를 하고 싶어 하지 않습니다. 음식의 소화는 산소를 소모하고 프리다이빙을 방해합니다. 게다가 깊은 수심 다이빙을 할 때 배가 부른 것은 꽤 불편할 수도 있습니다. 따라서 적어도 다이빙 세션 2시간 전에는 음식을 섭취하지 않습니다.

여기에 문제가 있습니다. 만약 당신이 잠수를 하기 2시간 전에 파스타, 밀, 쌀, 감자와 같은 '빠른' 탄수화물이 많이 함유된 식사를 한다면, 혈당은 당신이 물속에 있을 때쯤 이미 떨어지고 있을 것입니다. 그렇다고 다이빙 직전에 식사를 하면 퍼포먼스가 저하됩니다.

빠른 탄수화물은 무엇이고, 만약 빠른 탄수화물이 있다면 느린 탄수화물도 있을까요? 빠른 탄수화물은 몸에서 빠르게 흡수되거나 소화되는 것들: 설탕류, 파스타, 밀, 감자, 쌀 그리고 대부분의 다른 곡류들입니다. 느린 탄수화물은 콩류(강낭콩, 검은콩, 핀토콩 등)나 렌틸콩에서 찾을 수 있는 것들입니다. 느린 탄수화물은 소화하는 데 더 오랜 시간이 걸리고 혈당이 더 느리게 올라가며 더 오랫동안 그 상태를 유지하게 됩니다. 느린 탄수화물의 단점은 칼로리 밀도가 덜하다는 것입니다. 혈당이 빠르고 높게 상승하지 않는 식사를 저혈당 식사라고도 합니다(레시피 아이디어를 찾고 있다면 Google에서 이 용어를 검색하십시오).

긴 다이빙 세션을 진행하는 경우 느린 탄수화물 식사가 훨씬 더 나은 선택입니다. 느린 탄수화물 식사는 빠른 탄수화물 식사보다 더 오랫동안 당신의 에너지 수준을 안정적으로 유지시킬 것입니다. 당신이 다이빙 세션 2시간 전 느린 탄수화물을 섭취한다면, 두 시간 동안 다이빙을 하면서도 그 혜택을 누릴 수 있습니다. 다른 방법으로는 주로 지방을 섭취하는 식단인 케토시스 식단을 시도해 볼 수 있습니다.

비록 당신이 차가운 물에서 다이빙하기 전에 많은 양의 느린 탄수화물 식사를 한다고 해도 당신은 몸을 데우기 위해 여전히 많은 에너지를 사용하게 될 것입니다. 다른 방법은 없습니다. 개인적으로 제 최고의 다이빙 세션은 아침에 아무것도 먹지 않았을 때나 케토시스 식단 중일 때였습니다. 저는 다이빙을 마친 후 손실된 에너지를 보충합니다.

> 근육에 있는 글리코젠은 당신이 추위에 몸을 떨 때만 열을 발생시키는 데 도움을 줍니다. 하지만 알다시피, 일단 몸이 떨리기 시작하면 당신의 다이빙 세션은 사실상 끝납니다.
>
> 당신이 떨기 시작하기 전 발생하는 열의 대부분은 갈색 지방으로부터 옵니다. 하지만 신체가 산소를 보존하고 생존능력을 높이기 위해 잠수하는 동안 갈색 지방으로부터의 열 생성을 줄일 가능성이 높습니다. 이것이 다이빙을 하는 동안 빨리 추위를 느끼는 또 다른 이유입니다.

유제품이 유발하는 점액질에 대한 오해
The dairy-causes-mucus myth

많은 프리다이버들은 유제품 섭취가 점액질의 생성을 증가시킨다고 믿습니다. 이 주장을 뒷받침할 증거는 전혀 없습니다. 1993년에 수행된 연구에서[10] 유제품을 먹는 것이 점액 생산을 이끈다고 믿었던 10명의 사람들이 더 많은 양의 점액을 가지고 있다고 보고했습니다. 하지만 연구원들이 그들의 점액 생산을 정량화했을 때 그것은 정상보다 높지 않았습니다. 유제품은 일시적으로 침을 더 점성 있고 끈적거리게 만들지만 유스타키오관이나 부비강 내의 점액 생성을 증가시키지는 않습니다.

이 오해가 지속되는 이유 중 하나는 만약 당신이 단백질 섭취를 심각하게 제한한다면(예, 적은 양의 단백질만 식단에 포함하는 것) 당신의 점액 생성은 줄어들게 될 것이기 때문입니다. 이것은 고기, 생선, 유제품의 단백질에 해당됩니다. 만약 당신이 다이빙하는 동안 기도 또는 목구멍에 끈적한 점액이 너무 많다면, 다이빙 몇 시간 전에는 유제품을 섭취하지 않는 것을 권장합니다. 유제품을 완전히 끊을 필요는 없습니다.

점액 제거를 위한 또 다른 방법에는 네티 팟, 또는 요기 호흡법이 있습니다. 이것들은 당신의 부비강 내에 끈적끈적한 점액을 제거하는 간단한 방법입니다. 일관되게 수행한다면 압력 평형이 쉬워질 것입니다. 부비강을 깨끗하게 유지하는 것은 부비강 압착과 역압착으로부터 당신을 보호하는

---

10 Pinncock & Arney., 1993. The Milk-Mucus belief: sensory analysis comparing cow's milk and a soy placebo. Appetite, Feb:20(1):61-70

방법입니다.[11]

알칼리성 식단 The alkaline

알칼리성 식단은 프리다이빙계에서 꽤 오랫동안 논의되어 왔습니다. 이것은 알칼리성 식품을 섭취함으로써 혈중 pH를 높일 수 있고 그 결과 혈중 CO_2 저장 용량을 증가시켜 호흡 충동을 지연시킬 수 있다는 아이디어입니다. 가설은 흥미롭지만, 식단과 상관없이 체내 혈액의 pH 농도는 7.35로 매우 잘 유지됩니다. 혈중 pH는 CO_2의 함량에 따라 다른데, 초과 호흡 후 혈중 pH는 더 높고 숨을 오래 참으면 혈중 pH가 더 낮습니다. 하지만 일반적으로 혈액의 pH가 상당히 높거나 낮다면 그것은 심각한 질병일 수 있습니다.

하지만 이것은 알칼리성 식단이 안 좋은 식단이라는 것을 의미하지 않으며 다른 이유로 이점을 가질 수 있습니다. 알칼리성 식단은 과일과 채소가 풍부하고 고기와 단것이 적으며 알콜과 카페인이 허용되지 않습니다. 생각해 보세요. 당신의 현재 식단보다 건강한 식단인가요? 그렇다면 이 식단은 당신에게 도움이 되거나 최소한 당신의 기분이 좋아지게 만들 것입니다.

---

11 역압착은 하강할 때는 문제없이 압력 평형이 가능했지만 상승 시 부비강이 막혀 공기가 밖으로 나오지 못할 때 발생합니다. 어느 시점에 부비강이 '펑' 터지며 부비강을 막았던 약간의 피가 섞인 점액 덩어리가 코나 목 뒤로 배출되게 됩니다.

케토제닉: 최고의 프리다이빙 식단일까?
Nutritional ketosis: ultimate freediving diet?

케토제닉 식단은 잠재적으로 큰 이점을 가지고 있고 첫 140m CWT 세계 기록이 케토시스 다이버에 의해 이루어진다고 해도 저는 놀라지 않을 것입니다.

케토제닉 식단의 장점은 케톤화된 몸(케톤체)이 지방을 주원료로 사용하게 되기 때문에 당신이 에너지를 낼 때 글리코겐(포도당)에 의존하지 않고도 필요한 에너지를 공급받게 되는 것입니다. 우리 몸은 (매우 마른 다이버라 할지라도) 여러 다이빙 세션을 할 수 있는 충분한 지방을 저장하고 있습니다. 따라서 다이빙 전에 식사를 많이 할 필요도 없고 다이빙 세션이 끝날 때까지 배고플 일도 없게 됩니다.

두 번째 이점은 운동 중에 이산화탄소가 적게 발생한다는 것입니다. 지방과 당 분해 과정은 함께 산소를 사용하고 이산화탄소를 배출합니다. 호흡지수(RQ, Respiratory quotient)는 주어진 O_2 섭취에 대해 생성된 CO_2의 양을 측정한 값이며, RQ = 제거된 CO_2 / 소비된 O_2 입니다. 순수하게 글리코겐에만 의존하는 사람(탄수화물 섭취)의 RQ 값은 1입니다. 지방 대사만 하는 사람(케토시스 상태)의 RQ 값은 0.7입니다.

RQ가 중요한 이유는 무엇일까요? 만약 우리가 숨을 최대한 편안하게 참기를 원한다면, 우리는 가능한 적은 양의 이산화탄소를 배출하는 것을 목표로 해야 합니다. 우리가 에너지를 주로 지방에 의존하여 RQ를 생성한다면, 글리코겐을 주로 사용하는 경우보다 이산화탄소 생산량이 낮아지게 됩니다.

또 다른 이점은 케토시스 다이버들은 수심 다이빙 또는 다이나믹을 하는 동안 많은 양의 산소를 필요로 하지 않을 수도 있다는 것입니다. 케토제닉 식단을 한 사이클리스트들은 높은 고도에서 자전거를 탈 때 호흡 욕구가 감소했다고 보고했습니다. 이유가 명확하게 입증되진 않았지만 고무적인 내용입니다.

케토제닉 식단의 잠재적인 단점은 기초 대사율이 증가한다는 것입니다. 따라서 스테틱 기록을 늘리기를 원한다면 올바른 식단이 아닐 수도 있습니다. 또한 수심 다이빙의 프리폴 단계에서도 탄수화물을 주로 섭취하는 경우보다 더 많은 에너지를 사용할 수 있습니다. 결론적으로, 케토제닉 식단은 몇몇 종목의 다이버들에게 유익할 수 있습니다.

케토시스 상태(케톤체) 되기 Getting into nutritional ketosis

식단에 탄수화물의 양을 제한한다면 뇌가 사용할 포도당이 부족해집니다. 자유 지방산은 혈액-뇌 장벽을 넘을 수 없기 때문에 신체 내에서는 다른 무언가가 생성되어야 합니다. 이러한 조건하에서 간은 케톤체를 생산하게 됩니다. 만약 당신의 몸이 주로 케톤체로 움직인다면, 혈액 속의 케톤 수치가 높아지고 당신은 케토시스 상태에 놓이게 될 것입니다.

케토시스 상태가 되고 싶다면 지방 75%, 단백질 20%, 탄수화물 5%의 식단을 유지해야 합니다. 하지만 정상적인 신진대사 상태에서 케토시스로 전환하는 것은 즉각적이지 않고 상당히 불편할 수 있습니다.

저는 케토시스 상태에 들어가기 위해 네 번이나 시도했습니다. 처음 두 번은 케톤 수치를 측정하지 않고 할 수 있을 거라고 생각하고 시도했지만 그것은 좋지 않은 생각이었고, 저는 비참하게 실패했습니다.

세 번째 시도 때는 케톤 스트립(테스트기)을 사용했습니다. 이 스트립을 사용하면 소변 내 케톤 수치를 측정할 수 있습니다. 소변 케톤(혈액 케톤과 다른 분자)이 높아지면 스트립의 색이 바뀌게 되는데 식단을 바꾼 지 10일 동안 변화가 없었습니다. 저는 더 이상 스트레스를 받으면 이 상태가 지속되지 않을 것이라고 생각해 시도를 중단했습니다.

네 번째로 시도할 때는 혈당 측정기와 케톤 모니터를 구입했습니다. 아침에 코코넛 오일을 넣은 커피만 마시고 24시간 동안 금식하는 것으로 시작했습니다(커피와 차는 허용됨). 오후 5시부터 7시까지 약 2시간 동안 걸은 후 케톤 수치를 측정해보니 1.1mmol이 나왔습니다.

> 저는 케토시스로 빠르게 전환되는 것에 놀라 며칠 동안 혈액 모니터와 케톤 스트립을 둘 다 사용했습니다. 케톤 스트립에는 색상 변화가 없는 것을 보고 스트립을 쓰레기통에 버렸습니다. 만약 당신이 이 식단을 진지하게 고려한다면 (케톤 스트립을 사용하지 말고) 혈액 케톤 수치를 측정해야 합니다.
>
> 소변 내 케톤 수치를 측정하는 스트립은 케톤산증을 걱정하는 당뇨병 환자에게 유용하지만 케토제닉 식단을 하는 사람에게는 유용하지 않습니다.

다음 3일은 정말 힘들었습니다. 잠을 거의 자지 못했고 두통이 지속됐습니다. 이는 전해질 손실로 인한 것일 수도 있습니다. 전해질이 첨가된 레몬수를 자주 마셔서 수분을 공급해주면 이러한 문제를 호전시킬 수 있습니다.

저는 나트륨 소금, 칼륨 소금, Mg-Ca(마그네슘-칼슘)[12]를 조금씩 사용했고 5일 후부터는 더 이상 필요하지 않을 만큼 적응할 수 있었습니다.

그 후 2주 동안 저는 하루에 두 번씩 케톤과 포도당 수치를 측정하고 제가 먹은 모든 것과 활동을 자세하게 기록했습니다. 이제는 언제 크루아상을 먹고도 케토시스 상태로 남을 수 있는지, 그리고 연어 한 조각처럼 간단한 것(너무 많은 단백질)이 언제 저를 케토시스 상태에서 쫓아내게 될지 알 수 있게 되었습니다.

케토제닉 식단은 이상한 식단입니다. 케토시스 상태가 되면 혈당 상승이나 식사 후 나른함이 사라지고 한 끼 거르거나 하루 이상 금식하는 것이 쉬워집니다. 당신은 배가 고플 수 있지만 에너지 수준은 일정하게 유지될 것입니다. 그 이유는 당신의 체지방이 거의 모든 활동에 동력을 공급하는, 쉽게 구할 수 있는 에너지 저장소가 되기 때문입니다. 당신은 이제 에너지바 없이도 적당한 운동을 영원히 할 수 있습니다.

케토시스 상태에서 에너지는 주로 포도당 대신 베타-하이드록시 뷰티레이트(BHB, Beta hydroxy butyrate)로부터 파생됩니다. 이것은 혈액 케톤 수치를 측정할 때 테스트하는 분자입니다.

> 케토제닉 다이어트를 하는 동안 저는 슈퍼맨이 된 기분이었어요.
> 하지만 크루아상이 없는 삶이 무슨 의미가 있을까요?

BHB 레벨 및 의미:
- 0.7 - 1 mmol BHB = 가벼운 케토시스 상태

---

12 Mg-Ca 는 마그네슘 - 칼슘 분말입니다. 캐나다에서는 런던드럭스나 홀푸드에서 살 수 있습니다.

- 1 - 3 mmol BHB = 중간 케토시스 상태
- 3 - 6 mmol BHB = 딥 케토시스 상태(보통 장기간 식단을 유지할 경우 가능)

케토시스 테스트 Testing ketosis

저는 저산소 스쿼트와 RV & Full Lung 스테틱 두 가지 방법으로 케토제닉 식단을 테스트했습니다. 케토시스의 주된 이점은 CO_2 생산 감소이기 때문에 저는 2분 간격으로 RV 스테틱을 두 번 했고 이어서 풀렁 스테틱을 한 번 했습니다. 이 세 번의 숨참기 후에 3×3의 저산소 스쿼트를 했고, 그동안의 SaO_2를 기록했습니다.

두 번의 RV 스테틱과 한 번의 풀렁 스테틱이 나의 Max 스테틱을 위한 워밍업으로 충분하지 않기 때문에 CO_2 생성으로 인한 불편한 컨트랙션의 영향으로 Max 스테틱 시도는 잘되지 않았습니다. 저산소 스쿼트에 대한 케토시스 식단의 이점은 젖산 대사가 케톤 생산의 영향을 받지 않기 때문에 그다지 두드러지지 않을 것입니다. 그렇지만 케토시스 상태일 때와 그렇지 않을 때 여러 번 검사했습니다.

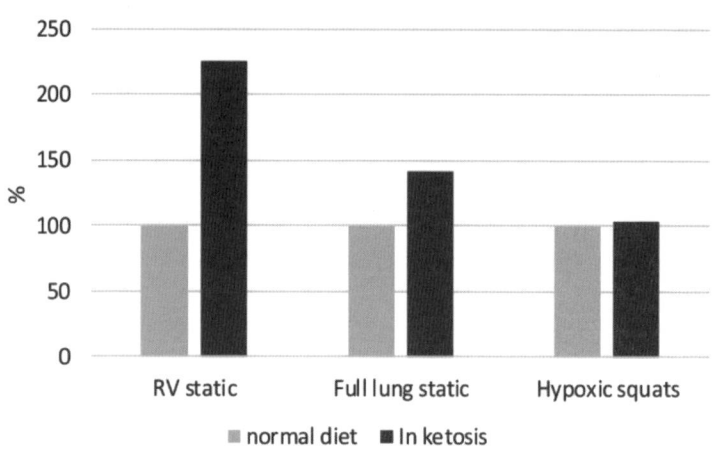

케토제닉 식단이 숨참기에 미치는 영향을 보여주는 그래프

위의 그래프에서 놀라운 결과를 볼 수 있습니다. 이 n=1 실험에서 RV 스테틱은 2배 이상 증가했으며 풀렁 스테틱은 약 50% 증가했고 저산소 스쿼트에서도 약간의 이점(4%)이 있음을 볼 수 있습니다.

여기서 기억해야 할 몇 가지 중요한 사항이 있습니다. 첫째, 스테틱 기록은 당신의 최대 퍼포먼스와 관련이 없습니다. 스테틱 또는 다이빙 시간은 케토시스 상태에서 개선되지 않을 수 있습니다. 여기서 보여주는 것은 편안함의 증가 그리고 컨트랙션의 지연입니다. 둘째, 저에게 통하는 것이 당신에게는 통하지 않을 수도 있습니다. 하지만 케토제닉 식단의 장점은 잠재적으로 너무 커서 시도해 볼 가치가 있습니다. 마지막으로, 당신의 몸은 휴식 중에 케토시스에 빠르게 적응할 것이기 때문에 스테틱을 할 경우라면 분명한 이점이 되겠지만 운동 중 근육이 케토시스에 적응하기 위해서는 수개월의 훈련이 필요할지도 모릅니다.

Part 3.

훈련 방법

The exercise

Part 3에서는 모든 훈련 방법에 대해 자세히 배울 것입니다. 필요에 맞게 적용하는 방법, 오버트레이닝 여부를 알아차리는 방법 및 어떻게 시작하는지 배우게 됩니다. Part 4에서는 모든 것을 크로스 트레이닝 프로그램으로 묶을 것입니다.

준비운동과 정리운동 (워밍업과 쿨링다운)
Warming up and cooling down

　준비운동은 어떤 훈련이든 필수입니다. 좋은 준비운동은 주요 근육 그룹을 활성화하고 적당히 스트레칭시킵니다. 그것은 또한 관절의 마모나 손상으로부터 보호하는 점액 분비를 유발함으로써 관절에 윤활유를 공급합니다.

　훈련에 포함할 수 있는 좋은 워밍업 루틴은 많이 있습니다. 다음 섹션에서는 두 가지 준비운동 방법에 대해 설명합니다. 첫 번째는 움직임의 범위와 가동성에 초점을 맞추고 있습니다. 이 준비운동은 만성적으로 근육이 뻣뻣한 분들에게 아주 좋습니다. 두 번째 준비운동은 주요 근육 그룹의 활성화를 강조합니다. 만약 당신이 더 격렬한 운동을 준비하고 있다면 두 번째 방법이 좋습니다.

　정리운동은 매 운동의 마지막마다 해야 합니다. 이것은 근육통을 줄이고 혈액 순환을 회복하기 위해 필요합니다. 근육에 통증을 느꼈다면 보통은 근육이 줄어든 것입니다(흔히 펌핑됐다고 함). 만약 그 상태에서 정리 운동을 하지 않는다면 근육은 타이트한 상태로 남아 있게 됩니다.

깊은 스트레칭은 정리 운동으로 하는 것을 추천합니다. 워밍업으로 가벼운 스트레칭도 괜찮지만, 동적 스트레칭이 가장 좋습니다.

> **유연성, 가동성, 스트레칭, 그리고 움직임의 범위**
>
> 일반적인 스트레칭은 수동적인 유연성을 증가시킵니다. 이 스트레칭으로는 근육이 만들어지지 않습니다. 가동성과 운동 범위는 능동적인 유연성을 증가시키며, 당신이 움직일 때 근육이 완전히 수축되거나 이완함으로써 작동합니다. 대부분의 사람들은 중간 범위의 움직임에는 매우 강하지만 끝 범위의 움직임에는 약합니다.
>
> 움직임의 범위가 왜 중요할까요? 잘 훈련된 근육은 전체 동작 범위에 걸쳐 효과적으로 사용될 수 있습니다. 만약 당신이 피닝의 시작과 끝 부분에서 더 많은 힘을 낼 수 있다면 당신은 각각의 킥으로 더 멀리 나아가게 될 것입니다.
>
> 길고 깊은 스트레칭도 좋지만 그것은 최대 파워를 줄어들게 합니다. 만약 당신이 퍼포먼스를 목표로 한다면 혈류를 증가시키기 위한 방법으로 준비운동을 하고 깊은 스트레칭은 운동 후에 하세요. 폼롤러와 같은 깊은 스트레칭은 운동 후 근육이 따뜻해지고 지친 상태에서 하는 것이 훨씬 효과적입니다.

움직임의 범위 및 가동성 워밍업
Range of motion and mobility warmup

이 워밍업은 움직임 범위, 가동성, 안정성 및 유연성에 관한 것입니다. 저는 회복 달리기, 저산소 스쿼트, 수영과 같은 준 최대치 운동에 이 워밍업을 사용합니다. 또한 준비 운동의 일부를 제 일상 루틴에 포함시켰습니다.

심박수를 높이고 혈류를 촉진하기 위해 5~10분 동안 낮은 강도의 조깅, 사이클 또는 로잉머신으로 준비운동을 시작하세요. 그 후 다음에 나오는 애니멀 무브먼트Animal movement와 안정성 운동을 하세요. 저는 다음과 같은 운동을 각각 1~2분씩 하는 편입니다. 어떤 근육과 관절을 풀고 싶은지에 따라 선택할 수 있습니다.

만약 당신이 전에 이런 운동을 해본 적이 없다면, 그것들을 과소평가하지 마세요. 보기보다 훨씬 더 어렵습니다. 일관성과 절제가 핵심이라는 것을 기억하세요.

15분 '애니멀 워킹'[13] 워밍업:
- 5분간 조깅
- 숄더 탭, 한쪽당 10회
- 2분간 유인원 걸음
- 2분간 게걸음
- 2분간 곰 걸음
- 2분간 자벌레 걸음

---

13 애니멀 웍스에 대한 더 많은 정보를 원하시면 www.animalflow.com 사이트를 방문하세요.

유인원 걸음 Ape walk

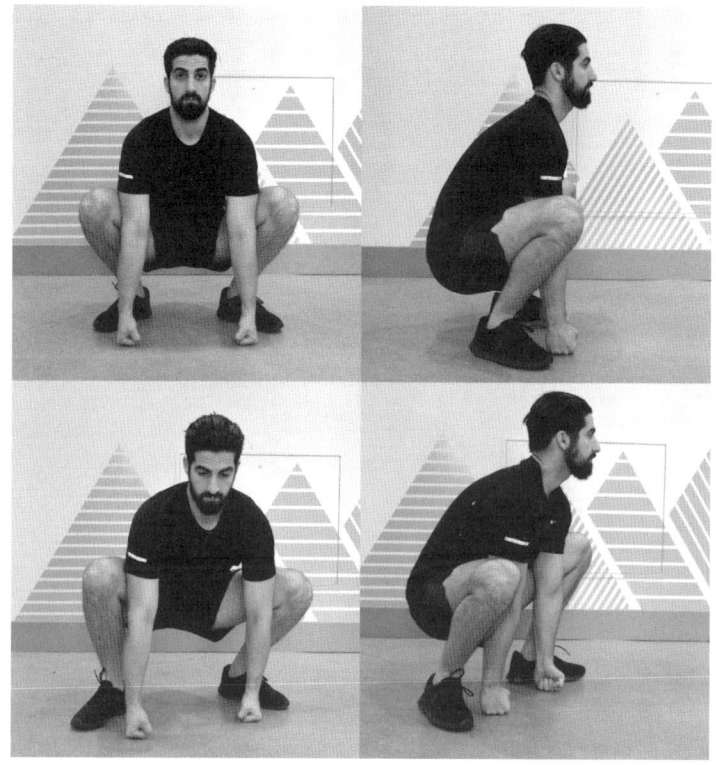

유인원 걸음은 엉덩이 가동성을 훈련하는 운동입니다.
이상적인 동작은 다음과 같습니다.

- 가능한 낮게 쪼그리고 앉아 발과 주먹을 바닥에 대고 서세요.
- 발바닥 전체를 바닥에 붙여야 합니다.
- 등을 곧게 펴고 유지하세요.

유연하지 않은 경우 다음과 같이 해도 됩니다:
- 발 뒤꿈치를 들고 해도 됩니다.
- 등을 둥글게 만들고 진행해도 됩니다.

같은 쪽의 팔과 다리를 움직여 한 걸음 앞으로 나아가세요. 예를 들어, 왼쪽에서 시작하려면 왼쪽 팔과 왼쪽 다리를 함께 앞으로 이동합니다. 손과 발이 동시에 들어 올려지지 않아도 걱정하지 마세요.

작은 걸음으로 고관절의 마법을 느껴보세요. 겉보기와는 달리 이것은 어려운 운동입니다. 시간이 지나면 유인원 워크를 하는 동안 스쿼트 속으로 더 깊이 빠져들 수 있을 것입니다.

게 걸음 Crab walk

사진 1) 가능한 무릎과 어깨, 엉덩이를 일직선으로 만듭니다.

사진 2) 서로 다른 팔다리를 움직이세요: 예) 왼팔과 오른쪽 다리

게 걸음은 몸을 하늘로 향하게 하고 손과 발로 하는 걸음으로 엉덩이와 어깨의 유연성을 단련합니다.

이상적인 자세는 다음과 같습니다:
- 무릎이 90도로 구부러져야 합니다.
- 무릎, 골반, 어깨를 일직선으로 만듭니다.
- 손은 어깨 아래에 있고 뒤로 회전합니다.
- 등은 곧게 펴세요.

유연하지 않은 경우 다음과 같이 해도 됩니다:
- 손가락이 옆을 가리킬 수 있습니다.
- 골반이 내려갈 수 있습니다.

- 등은 둥글게 만들 수 있습니다.
- 완벽한 자세로 게걸음을 하려고 하는 것보다 오래 걷는 게 낫습니다.

게 걸음을 처음 시도할 때 매우 어색할 수 있으며 이상적인 자세에 도달하는 데까지 몇 달이 걸릴 수 있습니다. 당신이 완전히 통제할 수 있도록 천천히 단계를 밟으세요.

곰 걸음 Bear walk

사진 1) 다리는 항상 곧게 폅니다.
사진 2) 서로 다른 팔다리를 움직이세요.

곰 걸음은 다리와 팔을 완전히 펴고 하는 동작입니다. 곰 걸음은 다리 뒤쪽에 있는 근육의 유연성과 어깨를 훈련시킵니다. 이상적인 시작 자세는 요가의 다운독Down dog 자세와 비슷하지만, 다리와 팔을 고정한다면 등이 둥글게 되는 건 괜찮습니다.

이상적인 자세는 다음과 같습니다.
- '다운독' 자세와 같습니까?
- 팔과 다리는 곧고, 무릎과 팔꿈치는 편 상태입니다.
- 머리는 팔 사이 또는 팔 아래에 있습니다(위를 보지 않음).
- 발은 바닥에 평평하게 붙입니다.

유연하지 않은 경우 다음과 같이 해도 됩니다:
- 등은 둥글게 할 수 있습니다.
- 발뒤꿈치를 들어도 됩니다.
- 당신은 아마도 팔굽혀펴기나 플랭크 자세에 더 가깝게 될 것입니다.

팔과 다리를 똑바로 펴지 않으면 곰걸음은 제 기능을 잃게 됩니다. 이 동작은 종아리가 타이트한 사람에게 도움이 됩니다.

자벌레 걸음 Inch worm

사진 1) 손을 앞으로 내밀며 걷습니다.
사진 2) 허리에 부상을 입지 않는 범위에서 가능한 앞으로 손을 뻗습니다.
사진 3) 다리를 앞으로 움직여 처음 자세로 돌아갑니다.

 자벌레 걸음은 곰 걸음과 유사하지만, 당신의 코어를 훈련시키는 동작입니다. 손을 발 바로 앞에 두고 앞으로 접는 자세에서 손만 사용해 앞으로 조금씩 나갑니다. 바닥에 거의 닿거나 너무 힘들면 멈추세요. 그런 다음 두 손을 바닥에 평평하게 유지한 채 발이 가는 곳까지 작은 걸음으로 앞으로 걸어가세요.

만약 당신이 매우 강한 코어를 가지고 있지 않다면 손을 너무 앞으로 뻗지 마세요. 잘못하면 허리를 다칠 위험이 있습니다. 다리가 뻣뻣해서 완전히 뻗을 수 없다면 무릎을 구부려도 됩니다.

근육 활성화 워밍업 Muscle activation warmup

근육 활성화 워밍업은 주요 근육 그룹들이 격렬한 운동을 할 수 있도록 준비하는 루틴입니다. 만약 당신이 전면적인 운동을 할 계획이라면 이 준비운동은 아주 좋습니다. 저는 데드리프트, 스쿼트, 스프린트를 준비하기 위해 사용합니다.

심박수를 높이고 혈류를 촉진하기 위해 5~10분 동안 낮은 강도의 조깅, 사이클 또는 로잉머신으로 준비운동을 시작하세요. 그 후 다음의 운동들을 하세요. 취향과 필요에 따라 특정 운동의 반복 횟수를 늘릴 수 있습니다.

- 밴디드 캄쉘 또는 밴디드 래터럴 워크, 왼쪽, 오른쪽 각 20~40회, 2세트
- 스쿼트 30~40회, 4-5세트
- 프론트 런지 왼쪽, 오른쪽 각 20회 2-4세트
- 래터럴 런지 왼쪽, 오른쪽 각 20회 2-4세트
- 숄더탭 왼쪽, 오른쪽 각 10회 1-2세트

만약 당신이 제대로 준비운동 할 시간을 가져본 적이 없다면, 이 준비운동 자체가 운동이라고 생각할지도 모릅니다. 만약 그렇다면, 최대치 운동은 너무 무리가 될 수 있다는 것을 기억하세요. 90% 맥스 데드리프트는 당신의 몸이 준비되지 않았다면 심각한 손상을 입힐 가능성이 있습니다. 격렬한 운동 전에 준비운동을 제대로 하세요. 안 그러면 병원에 가게 될지도 모릅니다.

밴디드 캄 쉘 Banded clam shells

밴디드 캄 쉘은 중둔근을 활성화합니다. 중둔근은 무릎의 움직임에 도움을 줍니다. 격렬한 운동을 하기 전에 이 워밍업을 하게 되면 무릎 부상을 예방하는 데 도움이 될 것입니다. 만약 무릎이 약하다면, 준비운동으로 밴디드 래터럴 워크와 밴디드 캄 쉘 둘 다 하는 것을 선택할 수 있습니다.

사진 1) 무릎에 탄력 밴드를 묶고 약 90도 뒤로 구부립니다. 옆으로 누워 팔꿈치, 엉덩이, 무릎을 바닥에 기댑니다.

사진 2) 무릎을 벌리며 엉덩이를 들어 올립니다.

밴디드 캄 쉘 운동법:

- 무릎에 탄력 밴드를 묶고
- 옆으로 누워서 아래 팔, 엉덩이, 다리를 바닥에 기대세요.
- 무릎은 뒤로 구부러져야 합니다.

- 무릎을 벌리면서 엉덩이를 들어올립니다.
- 손은 편안한 곳에 두어도 되지만 중둔근에 둘 경우 활성화 여부를 느낄 수 있어 좋습니다.

한쪽당 최소 20회 반복하세요. 그 후에 다리를 털고 엉덩이가 풀리는 것이 어떤 것인지 느껴보세요.

밴디드 래터럴 워크 Banded lateral walks

이 준비운동은 밴디드 캄 쉘과 같이 중둔근을 활성화합니다. 중둔근은 무릎에 가장 중요한 근육으로 무릎이 더 잘 움직이도록 도와줍니다. 격렬한 운동 전 이 워밍업을 하면 심한 무릎 부상을 예방하는 데 도움이 될 것입니다.

밴디드 래터럴 워크 운동법:
- 발 주위에 탄력 밴드를 묶으세요. 만약 너무 힘들다면 발목이나 무릎 위로 묶어도 됩니다.
- 오른쪽과 왼쪽으로 동일한 횟수로 하세요. 예) 오른쪽 10번, 왼쪽도 10번
- 손은 편안한 곳에 두어도 되지만 중둔근에 둘 경우 활성화 여부를 느낄 수 있어 좋습니다.

한쪽당 최소 20회씩 반복하세요. 그 후에 다리를 털고 엉덩이가 풀리는 것이 어떤 것인지 느껴보세요.

스쿼트 Squats

스쿼트는 하체를 위한 간단하지만 환상적인 운동이며 다른 어떤 하체 운동에 뒤지지 않습니다.

완벽한 스쿼트를 하기 위해서는:
- 발을 약간 벌리고 팔을 앞으로 뻗은 채 똑바로 서세요.
- 허벅지가 수평이 될 때까지 상체를 낮추세요.
- 올라오세요.

허리에 무리가 가는 것을 최소화하고 싶다면 발을 넓게 벌리고 바깥쪽으로 살짝 돌려주세요.

포워드 런지 Forward lunge

포워드 런지는 하체, 둔근, 대퇴사두근, 엉덩이, 그리고 코어의 모든 균형과 근력에 실질적으로 도움이 되는 훌륭한 운동입니다.

완벽한 포워드 런지를 하기 위해서:
- 양손은 허리에 두세요(팔이 아니라 코어로 균형을 잡아야 합니다).
- 주로 쓰는 다리를 앞으로 뻗고 발뒤꿈치로 착지합니다.
- 엉덩이를 앞으로 뻗은 다리의 허벅지와 뒷다리의 종아리가 수평 바로 아래가 될 때까지 쭉 내리세요.
- 아래로 내려갈수록 힘과 가동성에는 더 좋지만, 앞쪽 무릎이 발보다 앞으로 넘어가면 안 됩니다.

만약 처음 시작할 때 균형을 잡는 것이 힘들다면 팔을 바깥쪽으로 펴세요. 하지만 목표는 양손을 허리에 유지하는 것이라는 걸 기억하세요.

래터럴 런지 Lateral lunge

래터럴 런지(사이드 런지로도 알려짐)는 무릎이 측면의 힘을 견딜 수 있도록 하는 좋은 운동입니다. 그것은 또한 뻗은 다리의 안쪽 허벅지를 스트레칭합니다.

완벽한 래터럴 런지를 하기 위해서:
- 중립 자세로 똑바로 서세요.
- 양손은 허리에 두세요.
- 왼쪽 다리를 크게 옆으로 한 걸음 내디디세요.
- 오른발을 바닥에 평평하게 붙이고 왼쪽 무릎은 편 상태로 오른쪽 무릎을 가능한 낮게 구부리세요. 추가 동작: 오른쪽 발꿈치 쪽을 아래로 누르고 왼쪽 발가락이 천장을 가리키도록 왼발 뒤꿈치를 돌립니다.
- 제자리로 돌아온 후 반대쪽도 반복합니다.

구부러진 다리의 무릎이 바깥이나 안쪽으로 흔들리지 않도록 하세요. 무릎을 보호하기 위해서 무릎을 항상 엉덩이와 발에 일직선으로 두세요. 이것은 측면의 힘으로부터 무릎을 보호해 줍니다.

만약 이 준비운동이 당신에게 본운동처럼 느껴진다면, 아직 중량 훈련은 하지 마세요. 대신 당신이 더 격렬한 운동으로 나아갈 수 있다고 확신이 생길 때까지 준비운동과 가벼운 유산소 운동을 하세요(처음에는 약 5~10분 정도로).
서두르는 것은 부상으로 가는 지름길입니다.

숄더 탭 Shoulder taps

숄더탭의 이상적인 방법은 다음과 같습니다:

- 푸시업 자세에서 시작합니다.
- 오른손을 왼쪽 어깨에 대세요.
- 그 자세에서 5초 동안 버틴 후 반대쪽으로 바꾸세요.

만약 당신이 (아직)힘이 없다면:

- 발을 더 넓게 벌리세요.
- 의자 또는 다른 플랫폼에 손을 올리세요.

- 위 방법으로도 여전히 불가능하다고 판단되면, 등을 곧게 펴고 발 대신 무릎을 바닥에 대고 진행하세요.

정리운동 Cooling down

정리운동은 폼롤러로 할 수 있습니다. 폼롤러는 혈류를 촉진하는 데 도움이 되는 간단한 도구입니다. 롤러의 길이는 25cm를 초과할 필요가 없으며 두께는 12cm에서 18cm 사이어야 합니다. 이 폼롤러는 대부분의 스포츠 매장에서 오만 원 미만의 가격에 구입할 수 있습니다.

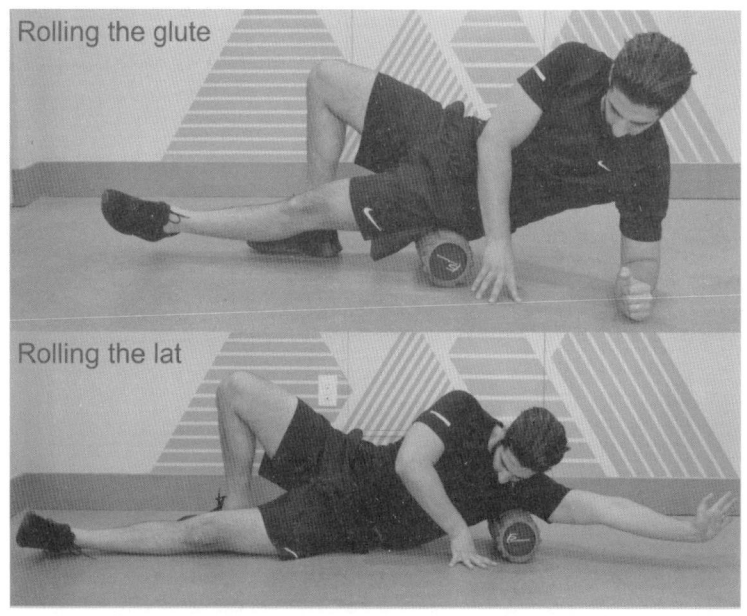

폼롤링으로 둔근, 햄스트링, 종아리, 대퇴사두근, 중간 등, 광배근을 풀어주세요. 햄스트링, 대퇴사두근, 그리고 종아리를 롤링하는 것은 쉽지만

둔근은 조금 까다롭습니다. 왼쪽 둔근을 잘 롤링하려면(사진 상단 참조) 왼쪽 다리를 바닥에 평행하게 대고 오른쪽 다리는 접어 옆으로 내립니다(발끝이 아래쪽을 가리키도록 함). 롤링하는 동안 다리를 천천히 회전시키고(발끝이 위로 향하도록) 반대쪽도 이 과정을 반복합니다.

등 중간 부위는 폼롤러 위쪽에 허리를 대고 누운 자세에서 다리는 구부리고 발을 바닥에 대고 풀 수 있습니다. 손을 머리 뒤로 하고 다리를 이용해 위아래로 움직이세요. 척추 아래쪽이나 어깨뼈 위까지는 하지마세요.

왼쪽 광배근은 왼팔을 뻗은 채로 롤러 위에 옆으로 누워 풀 수 있습니다. 광배근 위 아래로 끝까지 굴리십시오(사진 하단 참조). 흉근은 폼롤러를 사용할 수 있지만, 마사지 볼이나 테니스 볼이 더 효과적입니다. 어깨를 뒤로 젖히고 두 손을 사용하여 공을 흉근에 밀어 넣습니다.

다리 상단 바깥쪽과 같이 힘줄만 있는 부위는 폼롤러를 사용하지 마십시오. 왜냐하면 폼롤링의 목표는 근육을 이완시키는 것인데 이 경우에는 힘줄에 불편을 주기 때문입니다. 폼롤링은 약 5-10분(근육당 약 20~25초) 이상 진행하면 안 됩니다.

만약 정리 운동에 좀 더 많은 시간을 할애할 필요가 있다고 느낀다면 90~180초간 자세를 유지하는 깊은 스트레칭으로 폼롤링을 보완할 수 있습니다.

> 준비운동 시에도 폼롤러를 사용하실 수 있지만, 운동 후에는 꼭 해주세요. 운동 후 혈류가 증가된 상태는 폼롤링을 더 효과적으로 만들 것입니다.

ATP-CP 시스템 훈련
Training the ATP-CP system

파워리프터와 스프린터들은 ATP-CP 시스템을 훈련시키는 데 전문가이며 우리는 그들로부터 필요한 기술들을 빌려올 것입니다. 모든 ATP-CP 운동은 동일한 두 가지 기본 원칙을 따릅니다:
- 운동은 최대치의 80-95%에서 수행됩니다.
- 운동은 30초 미만이며 그 후 2~3분간 회복 시간을 갖습니다.

ATP-CP는 근육 세포에 존재하며 그 안에서 사용된다는 것을 항상 명심하십시오. 굵은 글씨로 쓰여질 정도로 중요한 이유가 무엇일까요? 하체에 더 많은 에너지를 얻고 싶다면 하체를 훈련시켜야 한다는 것을 의미합니다. 스프린트 훈련을 하는 것은 팔에 존재하는 ATP-CP를 증가시키는 효과적인 방법이 아니므로 CNF 다이버는 CWT 다이버와 다른 훈련을 해야 합니다.

체육관에서 ATP-CP 시스템 훈련하기
Training the ATP-CP system in the gym

ATP-CP 시스템 타깃 훈련을 하기 위해 이상적인 장소는 체육관입니다. 운동 저항력을 필요에 따라 조절할 수 있고 훈련시키고 싶은 특정 근육 그룹을 분리할 수 있기 때문입니다.

기억하시겠지만 ATP-CP는 대부분 속근에서 발생합니다. 속근을 단련하기 위해서는 높은 저항 운동이 필요합니다. 체육관에서 할 수 있는 운동은 아주 많습니다. 하지만 시간이 부족하기 때문에 우리는 가장 효율적인 운동에만 집중할 것입니다. 운동 시작에 앞서 약간의 정보를 드리고자 합니다.

만약 당신이 앞으로 소개할 데드리프트, 스쿼트, 그리고 케틀벨 스윙이라는 세 가지 운동을 해본 적이 없다면, 올바른 기술을 사용하기 위해 체육관에서 적어도 한두 번의 수업을 들어야 합니다. 당신이 감당할 수 있다고 생각하는 무게의 20% 또는 그 이하를 사용해 시작하세요. 곧 당신은 더 많은 무게를 들게 될 것이고 잘못하면 다칠 수도 있습니다. 당신의 기술이 맞는지 확인하기 위해 개인 트레이너를 구하거나 최소한 버디와 함께 체육관에 가세요. 무게를 늘리기 전에 서로의 사진을 찍어 자세가 맞는지 살펴보세요. 다음 섹션에서는 각 운동들의 올바른 자세에 대해 배울 것입니다.

적절한 기술을 사용하고 있는지 확인한 후에는 1-rep max(1RM)가 무엇인지 알아야 합니다. 이것은 한 번 반복할 때 감당할 수 있는 무게입니다. 이미 1RM을 알고 있다면 더 좋습니다. 1RM을 모르면 5회 1세트 반복을 몇 번 수행해 본 후 5회 반복 시 수행할 수 있는 최대 무게에 1.2를 곱하면 1RM을 찾기 위해 매우 무거운 리프트를 많이 하는 것(그리고 부상 위험을 감수해야 하는 것)을 줄일 수 있습니다. 즉, 1-rep max = 5-rep max × 1.2입니다. 우리는 1RM을 사용하여 다음 연습에 필요한 무게를 측정할 것입니다.

데드리프트 The deadlift

사진 설명) 척추를 곧게 편다. 무릎은 어깨 넓이로 벌린다. 중량봉, 팔꿈치, 어깨가 일직선상에 놓이도록 한다.

데드리프트는 고저항 운동의 왕으로 알려져 있습니다. 이것은 환상적인 전신 운동이며 당신의 다리, 등, 코어, 팔, 어깨를 단련시켜 전신을 좋은 상태로 유지하게 해줍니다. 데드리프트는 허리 부상을 예방하거나, 적은 무게로 수행할 경우 부상에서 회복하기 위한 좋은 운동입니다.

데드리프트를 하는 동안 지면에서 대략 무릎 높이까지 역기를 들어 올립니다. 허리는 중립을 유지하고 엉덩이 부위는 고정하고 똑바로 서세요.

데드리프트 하는 법:

- 발 가운데를 중량봉 아래에 두고, 발이 5-10도를 가리키도록 자세를 잡으세요. 무릎을 구부릴 때, 두 번째 발가락을 따라 움직여야 합니다. 발은 엉덩이 정도로 벌려야 팔이 바로 아래로 떨어질 수 있습니다.
- 정강이 부분이 중량봉 가까이에 있어야 하며 닿으면 안됩니다.
- 이제 무릎을 살짝 굽히고 엉덩이를 뒤로 해서 상체를 숙이세요. 햄스트링과 종아리가 늘어나는 걸 느껴야 합니다.
- 당신의 햄스트링이 허용하는 한 자신을 낮추세요. 무릎은 구부릴 수 있지만 허리는 둥글어지면 안 됩니다.
- 등은 중립 위치에서(심하게 둥글게 굽히지 않습니다), 엉덩이를 앞으로 내밀면서 무게를 들어올립니다.
- 어깨와 등 상부는 어깨의 위치를 유지하는 역할을 해야 합니다. 어깨가 앞으로 끌리지 않게 하세요.
- 중량봉을 빠르게, 그러나 움직임을 조절할 수 있을 만큼 천천히 내리세요. 바닥에 던져 내려놓는 적절한 균형을 찾으세요(체육관 관리자가 싫어하지 않도록). 너무 천천히 내릴 경우 다음번 들어올릴 때 영향을 줄 수 있습니다.

데드리프트는 환상적인 운동이지만 잘못하면 허리를 크게 다칠 수도 있습니다. 버디와 함께 체육관에 가서 서로 들어 올리는 사진을 찍어 확인하는 것을 추천합니다. 무게를 늘리기 전에 허리가 올바른 위치에 있는지 분석할 수 있습니다.

만약 당신이 정상적인 데드리프트를 하는 데 어려움이 있다면 스모 Sumo 데드리프트를 고려해보세요. 일반적인 데드리프트를 할 때 무릎은 어깨 너비로 벌리고 팔은 다리 바깥쪽에 놓습니다(위 그림 참조).

스모 데드리프트의 경우 팔은 어깨 너비를 벌리고 다리는 바깥쪽에 있습니다. 스모 데드리프트는 등 부위가 편하고 일반 데드리프트는 무릎 부위가 편합니다.

스쿼트 The Squat

데드리프트가 고저항 운동의 킹이라면 스쿼트는 퀸입니다. 어깨, 팔꿈치 및 손목의 유연성이 많이 요구되기 때문에 수행하기가 더 어렵습니다. 스쿼트는 주로 다리를 단련하지만, 코어와 등 그리고 어깨에도 좋습니다.

백 스쿼트는 가장 많이 하는 스쿼트입니다(사진 참조). 중량봉은 승모근 또는 양쪽 삼각근 위에 놓습니다. 당신이 신경써야 할 것은 중량봉이 척추가 아닌 근육 위에 놓여 있어야 한다는 것입니다.

어깨 가동성이 부족하면 중량봉을 올려놓기 부적절한 위치인 척추에 올려놓게 될 것입니다. 중량봉이 척추에 얹히지 않도록 하려면 바를 낮추거나 승모근을 팽팽하게 당겨야 합니다.

스쿼트 하는 방법:
- 중량봉을 들어 올릴 높이보다 아래에 있는 받침대에 올려 놓고 적절한 무게를 적재합니다.
- 제 위치에서 중량봉을 들어 올린 다음 받침대에서 한두 걸음 뒤로 물러서십시오.
- 당신의 발 폭은 무엇이 맞다고 느끼느냐에 따라 넓을 수도 좁을 수도 있습니다. 자세가 넓으면 허리에 힘이 덜 들어가는 경향이 있습니다.
- 데드리프트와 마찬가지로 허리가 중립이 되어야 합니다. 등을 둥글게 또는 안으로 말려 들어가게 하지 마세요.
- 몸의 텐션을 발에서부터 위로 만들어 관절을 보호하십시오.
- 가능한 한 빨리 앉되 중량봉을 완전히 통제해야 할 만큼은 천천히 내려가야 합니다. 할 수 있다면 햄스트링이 당신의 위쪽 종아리

에 닿도록 하세요.
- 내려가는 동안 허리가 둥글어지면 안 됩니다. 만약 그렇다면, 당신은 한계에 도달한 것입니다. 더 아래로 내려가고 싶으면 다른 자세로(폭 조절) 실험하거나, 더 아래로 내려가지 마세요.
- 스쿼트의 가장 어려운 부분은 윗다리가 바닥과 평행할 때입니다. 승모근을 사용해 중량봉을 뒤로 밀고 중량봉 아래에 엉덩이를 밀어 올리세요.

데드리프트처럼 스쿼트도 환상적인 운동이지만 쉽지 않습니다. 데드리프트보다는 다소 쉬울 것입니다. 만약 당신이 스쿼트를 최대한 활용하고 제대로 된 자세로 하고 있는지 확인하고 싶다면 개인 트레이너와의 세션을 예약하십시오.

변형 스쿼트

백 스쿼트를 할 수 없다면 프론트 스쿼트로 변경해야 합니다.

프론트 스쿼트는 몸 앞쪽에 바를 대고 전방 삼각근 위에서 휴식을 취합니다. 프론트 스쿼트는 손목과 팔꿈치의 움직임이 좋아야 합니다. 가동성이 없는 경우 두 개의 작은 스트랩을 사용하여 중량봉을 고정할 수 있습니다. (스트랩이 있든 없든)손으로만 바를 잡고 진행합니다.

모든 스쿼트는 당신의 움직임이 맞을 때까지는 무게 없이(중량봉만 사용해) 연습해야 합니다. 당신에게 가장 적합한 것이 무엇인지 알아보기 위해 자세의 폭과 다양한 종류의 스쿼트를 실험해 보세요. 무릎이 항상 발 위로 똑바로 오도록 하세요.

케틀벨 스윙 The Kettlebell swing

케틀벨 스윙은 제가 가장 좋아하는 운동 중 하나입니다. 이것은 근력과 파워를 증가시키기 위한 간단한 전신 운동입니다.

케틀벨 스윙을 하는 방법 :
- 양발 사이에 케틀벨을 놓습니다.
- 양손으로 손잡이를 잡으세요.
- 데드리프트처럼 허리를 앞으로 밀고 등은 중립 자세로 케틀벨을 들어 올리세요.
- 직선으로 앞쪽을 향해 케틀벨을 들어올립니다. 팔은 바닥과 평행

이 돼야 합니다.
- 케틀벨을 아래로 내리고 무릎을 살짝 구부려 스쿼트 자세에서 케틀벨이 다리 사이로 흔들리도록 합니다. 케틀벨이 땅에 닿지 않도록 하세요.
- 한 번의 역동적인 움직임으로 엉덩이를 앞으로 내밀고 팔을 앞으로 들어 올려서 전진 스윙을 마칩니다. 케틀벨을 눈높이보다 위로 올리면 안 됩니다.

케틀벨 스윙은 15초간 반복 후 2~3분 회복 시간을 갖습니다. 데드리프트와 스쿼트가 싫다면 케틀벨 스윙이 좋은 대안이 될 것입니다.

케틀벨 스윙을 한 후 어깨가 아프다면 무게를 줄이세요. 데드리프트와 마찬가지로 어깨를 뒤로 당겨야 합니다. 스윙을 하는 동안 어깨를 뒤로 젖힐 수 있게 되면 무게를 늘립니다. 케틀벨의 추진력이 당신의 어깨를 잡아당길 것이기 때문에 당신이 감당할 수 있는 것보다 적은 무게를 사용해야 할 수도 있습니다.

스프린트로 ATP-CP 시스템 훈련하기
Training the ATP-CP system with sprints

체육관이 두렵거나 싫은 분들은 걱정하지 마세요. ATP-CP 시스템은 야외 또는 달리기 트랙에서 훈련할 수 있습니다. 가장 간단한 방법은 일련의 전력 스프린트입니다:
- 10회 반복

- 전력 스프린트 10초
- 2~3분 회복

만약 당신이 큰 다리 피로 없이 위 전력 스프린트를 할 수 있다면, 스프린트 시간을 최대 15초까지 늘려야 합니다. 반면 위 전력 스프린트 후 다리가 심하게 피로하다면, 스프린트 시간을 줄여야 합니다. 스프린트는 CWT와 레크리에이션 다이빙 동안 추진력을 얻는 주요 근육인 대퇴사두근, 둔근, 햄스트링 강화를 목표로 할 것입니다.

시간을 재기 위해 Runtastic의 timer 앱을 활용하세요.

젖산 훈련
Lactic Training

근육의 젖산 수치 상승에 익숙해지기 위한 젖산 훈련은 단거리달리기 선수들이 수 세기 동안 해온 것입니다. 젖산 무산소 신진대사는 전력 질주를 시작한 후 15~120초 사이에 우세해집니다. 젖산 훈련은 30초에서 150초 동안 일련의 스프린트를 통해 이루어집니다.

신체가 혈류에서 젖산을 제거하는 데는 시간이 오래 걸리기 때문에 일련의 전력 질주를 통해 상당한 양의 젖산을 축적할 수 있습니다. 이러한 운동은 효과가 있지만 회복하는 데 시간이 걸립니다. 적어도 하루 동안은 근육통이 있을 수 있으니 운동 후에는 휴식이나 회복을 계획하세요.

러닝: 스프릿 400s Running: split 400s

- 95% 파워로 달리기 300m
- 휴식 1분
- 100% 파워로 달리기 100m
- 휴식 5~10분

이 세트를 3회 반복합니다.

이 훈련은 짐슨 리Jimson Lee의 speedendurance.com에서 가져왔습니다. Split 400's는 400미터 달리기를 두 부분으로 나눈 것입니다. 위 표와 같이 3회 반복 300/100m부터 시작하여 5~10분간 휴식을 취합니다. 이 반복이 쉽게 느껴지기 시작하면 400m를 250/150, 200/200 등으로 변경할 수 있습니다.

러닝: 템포 200s Running: tempo 200s

템포 200s는 200m 달리기를 반복하는 것입니다. 이 운동은 클라이드 하드Clyde Hard의 육상 프로그램에서 비롯되었습니다. usatf.org에서 더 다양한 운동 방법을 확인할 수 있습니다.

- 전력 달리기 200m
- 휴식 2~3분

- 첫 번째 달리기 실행 후 반복 횟수가 결정됩니다.

이 훈련에서는 첫 번째 실행 시간을 사용하여 반복 횟수를 정합니다. 첫 번째 달리기 시간에서 남자는 20을, 여자는 24를 뺍니다. 예를 들어 당신이 남자고 첫 번째 200m를 35초에 달렸다면 35-20=15회 반복을 수행하고, 당신이 여자라면 35-24=11회 반복을 수행합니다.

휴식 시간은 2~3분 사이입니다. 쉬는 시간이 너무 길게 느껴질 수 있지만 제대로 쉬지 않으면 후반부에 훨씬 더 힘들어집니다. 운동을 과소평가하지 마세요.

사이클링 Cycling instead of running

만약 신호등이나 다른 장애물 없이 길게 뻗은 도로가 있다면 로드 바이크를 타고 스프린트를 할 수 있습니다. 더 쉬운 방법은 체육관에서 스피닝 바이크를 타는 것입니다.

휴식 단계에서는 저단 기어로 매우 느리게 페달을 밟거나 완전히 멈춰도 됩니다.

사이클링으로 할 때는 Split 400s이 Split 60s로 변경됩니다.
- 95%의 노력으로 45초간 사이클링
- 휴식 1분
- 100%로 15초간 사이클링
- 휴식 5~10분

이 세트를 3회 반복합니다.

휴식 시에는 매우 느리게 페달을 밟거나 페달을 전혀 밟지 않을 수 있습니다.

템포 200s는 30초간 달리고 2~3분 휴식을 갖는 스프린트로 변경할 수 있습니다. 이 경우 8~12회 반복하세요.

젖산 풀 트레이닝 Lactic pool training

수영장에서도 젖산 트레이닝을 할 수 있습니다. 하지만 물에서는 저항이 감소하기 때문에 수영장에서의 젖산 훈련은(젖산 트레이닝 상태가 되기)훨씬 더 힘들고 효과적이지 않을 것입니다. 젖산 훈련은 수영장보다 달리기나 사이클 또는 스프린트를 추천합니다.

수영장에서 템포 200s는 50m가 되고, 스프릿 400s는 100m가 됩니다. 특히 100m로 할 경우 호흡 수를 유지하도록 하세요. 그렇지 않으면 CO_2 수치가 높아져 두통이 올 수 있습니다.

> 물속에서 저항력을 증가시키기 위해 다소 조잡하지만 다른 접근법을 사용할 수 있습니다: 헐렁한 옷을 입는 것입니다.

템포 50s
- 100% 파워로 50m 스프린트
- 2분 휴식
- 8-12회 반복

스프릿 100s
- 95% 파워로 75m 스프린트
- 1분 휴식
- 100% 파워로 25m 스프린트
- 3~5분 휴식
- 3~5회 반복

이러한 스프린트 훈련을 위해 이상적인 방법은 짧은 훈련용 핀을 사용하는 것입니다. 그리고 다이빙할 때와 같은 동작을 취하세요. 당신이 보통 모노핀으로 다이빙한다면, 모노핀 자세로 하세요. 그리고 이것은 전력을 다하는 스프린트라는 것을 기억하세요. 가능한 한 빨리 하세요. 숨 쉬는 것을 잊지 말고 버디와 함께하시기 바랍니다.

풀장 스프린트는 (육상 스프린트에 비해)젖산이 많이 나오지 않기 때문에 휴식 시간이 단축됩니다.

압네아 워킹
Apnea walks

압네아 워킹은 많은 프리다이버들이 좋아하는 훈련입니다. 최고의 운동이라서가 아니라 매우 쉽게 할 수 있기 때문입니다. 체육관, 수영장, 기구 등 아무것도 필요 없고 당신의 일상생활에 아주 쉽게 접목시킬 수 있습니다.

중력은 아무도 빠져나갈 수 없고 도로는 당신의 얼굴보다 훨씬 더 단단하다는 것만 기억하세요(넘어질 수 있으니 항상 조심하세요). 만약 당신이 BO 또는 LMC가 될 정도까지 푸시할 경우 버디와 함께 부드러운 바닥 위에서 진행하기 바랍니다.

풀렁 압네아 워킹 Full lung apnea walks

이것은 가장 간단한 압네아 워킹입니다. 그냥 숨을 참고 걷기 시작하세요. 성과를 파악하기 위해 걸음 수 또는 컨트랙션 수를 카운트하세요. 다시 숨을 쉴 때는 가만히 서 있거나 천천히 걸어도 됩니다.

매일 몇 번의 압네아 워킹을 포함하는 가장 좋은 방법은 단순히 직장이나 마트에 걸어가는 동안 숨을 몇 번 참는 것입니다. 무호흡을 일정하게 유지하도록 하세요. 예를 들어 항상 특정 랜드마크에서 시작하십시오.

풀렁 압네아 워킹은 당신의 근육에 저산소증을 유발하지는 않고 이산화탄소 내성만 훈련시킬 것입니다. 수심 다이빙이나 스피어피싱보다는 DYN훈련에 더 효과적입니다.

압네아 스테어 Apnea stairs

압네아 스테어는 다소 더 힘들고 위험한 압네아 워킹입니다. 제 친구이자 프리다이브 와이어 Freedive wire 운영자인 루카 말라구티 Luca Malaguti는 매일 그의 아파트 11층까지 숨을 참고 올라갑니다.

압네아 스테어는 풀렁 압네아 워킹과 비슷합니다. 매일 특정 계단을 오르면서 일정하게 유지하도록 노력하세요. 만약 당신이 11층으로 올라간다면 숨을 참으면서 한 층, 숨을 쉬면서 한 층을 오를 수도 있습니다.

압네아 워킹과 달리 압네아 스테어는 이산화탄소 내성 훈련일 뿐만 아니라 무산소 훈련이기도 합니다.

엠티렁 압네아 워킹 Empty lung apnea walks

당신이 바다 수면 아래 깊은 곳에 있게 되면, 당신의 폐는 매우 압축되어 '빈 것처럼 느껴'집니다. 폐에 있는 수용체가 늘어나면 지금이 숨 쉴 타이밍이라고 말해주는 신호를 뇌에 보내기 시작합니다. 엠티렁 압네아 워킹은 빈 폐로 숨을 참는 느낌에 익숙해지는 좋은 방법입니다.

숨을 내쉬고 걸으면 금방 저산소 상태가 됩니다. 이것은 잠수 반사를 훈련시키고 혈액의 질을 증진시킬 수 있습니다. 하지만 LMC나 BO의 위험이 있기 때문에 항상 버디와 함께하고 바닥이 부드러운 곳에서 연습하세요.

저산소 스쿼트
Hypoxic squats

저산소 스쿼트는 저산소 상태에서 다리 근육을 훈련시키는 운동으로 꽤 어렵고 기술적인 훈련 방법입니다. 저산소 스쿼트는 본인의 체중만 가지고 진행합니다[14]. 만약 올바르게 한다면, (과학적 검증이 남아 있긴 하지만) 이 운동은 미오글로빈 저장소와 혈액의 질을 증가시킬 수 있습니다.

저는 30m 이상 잠수할 때 다리에 피로를 많이 느껴 이 운동을 시작했습니다. 저산소 스쿼트는 여러 가지 이유로 제가 좋아하는 운동 중 하나입니다:

1) 특정한 부위 훈련 가능(특정 근육의 저산소화)

2) 저산소에 대한 인식 훈련(항상 옥시미터 사용)

3) 기록하기 쉽고, 향상되고 있는지 판단하기 쉬움

4) 잠재적으로 혈액의 질과 마이오글로빈 저장 능력을 좋아지게 함

저산소 스쿼트를 하는 방법:
- 옥시미터를 사용합니다.
- 준비호흡 (60~90초)
- RV 또는 FRC를 상태로 숨을 내쉬십시오.
- 의자에 앉은 상태로 숨을 참으세요(15~30초).
- 다리를 55°(다리를 바닥에 평행하게 하는 것보다 조금 더 높게)에 놓고 스쿼트 자세로 서세요(15~30초).

---

14 무거운 웨이트를 착용하고 저산소 상태가 되는 것은 위험합니다.

- 회복호흡 하세요 (몸이 필요한만큼, 부드럽게 호흡).
- 12~24회 반복하세요.
- 다음 숨참기를 위해 호흡하는 동안 옥시미터에 가장 낮은 값을 기록합니다. 이 값은 숨을 다시 쉬기 시작한 지 5~20초 후에 나타납니다.

당신이 이 운동을 처음 시작한다면 익숙해질 때까지 버디가 있어야 합니다. 스쿼트 도중 BO가 오면 바닥에 넘어져 다칠 위험이 있습니다.

저는 아직 저산소 스쿼트를 하는 동안 혹은 마친 후 BO가 온 적은 없지만, 항상 침대 근처에서 운동을 진행합니다. 그렇게 하면 어지러울 때 운동을 중단하고 침대 위에 바로 누울 수 있습니다. 준비호흡을 하는 동안에는 눕거나 의자에 똑바로 앉아 진행하세요.

위 그림을 보면 제가 의자에서 저산소 스쿼트 하는 것을 볼 수 있습니다. 이 자세에서 의식을 잃으면 앞으로 넘어질 수 있다는 것을 명심하세요. 만약 당신이 심한 저산소 상태가 된 것을 알아차릴 수 없다면 이 운동은 잠재적으로 위험할 수 있습니다. 따라서 당신을 안전하게 보호할 수 있도록 필요한 준비를 하세요. 너무 무리하지 말고 버디와 함께하세요.

저산소 스쿼트를 각 개인에게 맞게 조정하는 것은 쉽지 않습니다. 이 운동은 세 가지 부분이 있습니다. 준비호흡(15~90초), 숨 참기(15~120초), 그리고 스쿼트(10~45초)입니다. 처음에는 60:15:15부터 시작하는 것이 좋습니다. 목표 산소 수치는 SaO_2=85%입니다. 일관되게 이 값 이상이 유지될 경우 숨 참기 또는 스쿼트 시간을 늘립니다. 만약 스쿼트 자세 후 다리에 피로감을 느끼지 않는다면 스쿼트 시간을 늘립니다. ATP-CP 시스템은 첫 번째 스쿼트에서 더 많은 에너지를 공급하기 때문에 첫 번째 스쿼트가 가장 쉬울 것입니다. SaO_2 = 70% 미만으로 내려가지 않아야 하며 가장 낮은 목푯값은 SaO_2 = 75%로 하는 것이 좋습니다. 아래 저산소 스쿼트 운동을 어떻게 조정할 수 있는지에 대한 예가 있습니다:

목표 SaO_2 = 80%, 12회, 60/15/15입니다.

첫 번째 세션 동안 다이버가 도달한 최저 SaO_2는 12회 동안 모두 83%이며, 평균은 88%입니다. 이 다이버는 이틀 후에 60/30/15로 변경합니다. 처음 4회 사이클 후 SaO_2가 75% 아래로 세 번 떨어졌고 시간을 변경하기로 결정했습니다. 다이버는 60/25/15로 변경해 이어서 진행합니다. 현재 SaO_2는 평균 82%이며 스쿼트 이후의 범위는 77~86%로 허용 범위입니다.

> Freedive Wire 사이트에 작성했던 '압네아 워킹 가이드'는 가장 인기 있는 기사 중 하나가 되었습니다. 하지만 Moxy 센서를 사용해 테스트 한 후 이 훈련은 포함하지 않기로 선택했습니다. 기사를 쓸 때 생각한 것과는 달리 압네아 워킹은 근육 저산소 상태를 유발하지 않습니다. 심지어 숨을 내쉰 후 해도 마찬가지입니다.
> 하지만 저산소 스쿼트는 근육 저산소 상태를 유발합니다.

다이버는 3주간의 훈련을 통해 이제 스쿼트 도중 SaO_2가 평균 85%를 나타낸다는 사실을 확인했습니다. 다리 피로도 또한 줄었습니다. 다이버는 스쿼트의 시간을 늘리기로 결정했고 현재 전체 운동은 60/25/20으로 변경했습니다.

피로, 근육 경련, 그리고 다른 조건들이 이 운동에서 당신의 성과에 영향을 미친다는 것을 알게 될 것입니다. 항상 훈련을 기록하세요. 처음 몇 사이클 후 SaO_2가 예상보다 훨씬 낮으면 다른 날을 위해 훈련을 기록하십시오. 이 연습은 오버트레이닝하기 쉽지만 정확한 통계 기록이 없으면 알아채기가 어렵습니다. 시간이 지남에 따라 퍼포먼스가 떨어질 경우, 과훈련을 하고 있는 것이기 때문에 스쿼트 시간을 줄여야 합니다.

이 운동을 기록하기 위해, 날짜, 시간, 식사 여부, 준비호흡 시간, 숨참기 시간, 스쿼트 시간, 목표 SaO_2 및 RV 또는 FRC 상태 등을 기록하십시오. 아래 제가 작성한 교육 일지를 볼 수 있습니다. 운동 유형, 목표, 휴식/숨참기/스쿼트, 렁볼륨, 저산소 스쿼트(O_2 스쿼트), 80%(SaO_2 기준), 휴식(90s)/숨참기(30s)/스쿼트(30s), FRC(수동적 날숨). 그리고 스쿼트 후에

SaO_2를 기록합니다. 표 아래에 범위와 평균 SaO_2를 적습니다. 첫 번째 셀의 추가 숫자(26, 86%)도 참고하십시오. 첫 번째 숫자는 첫 번째 스쿼트가 30초 대신 26초였다는 것을 의미합니다.

May 1st, 2016, 6 pm O_2 squat, 80%, 90/30/30, FRC	
1: 26, 86%	7: 83%
2: 79%	8: 81%
3: 79%	9: 78%
4: 79%	10: 88%
5: 81%	11: 77%
6: 85%	12: 75%
Range: 75 – 88%, average 81%.	

표에서 볼 수 있듯이 마지막으로 갈수록 SaO_2가 낮아졌습니다. 가장 낮은 SaO_2값은 마지막 두 번이었습니다. 또한 옥시미터 값이 약간 올라가는 것을 볼 수 있습니다. 옥시미터가 목표 SaO_2보다 5% 이하로 내려가지 않도록 하십시오. 만약 운동 후 계산 결과 평균 SaO_2가 목푯값보다 2% 이상 낮다면 스쿼트의 타이밍을 바꾸세요(준비 호흡, 숨참기, 스쿼트).

저산소 스쿼트 및 기타 훈련에 Moxy 모니터 사용

Using the Moxy monitor for hypoxic squats (and other training)

Moxy는 근육 내 미오글로빈과 헤모글로빈의 결합 포화도를 측정하는 근육 산소 측정기입니다. 현재로서는 교차 훈련을 통해 미오글로빈을 증가 여부를 측정할 수 있는 유일한 장치입니다.

Moxy는 아무 근육에나 붙여 산소 함량을 측정할 수 있습니다. 미오글로빈의 불포화는 매우 낮은 SmO_2에서만 발생하므로, 목표 SmO_2 15~10%를 사용하는 것이 좋습니다. 이 값에서 미오글로빈이 적응을 유도할 수 있도록 충분히 불포화될 것입니다.

너무 저산소가 되지 않도록 하기 위해 옥시미터와 Moxy를 동시에 사용할 수 있습니다. 기억하세요. 만약 당신이 근육 내 산소를 증가시키고 싶다면, SmO_2는 낮아야 하고, 숨참기 끝에 SaO_2는 높여야 합니다. 이러한 방식으로 시스템에 있는 여분의 철은 헤모글로빈보다는 미오글로빈을 생성하는 데 사용됩니다.

운동을 통해 혈액의 질 증가시키기
Increasing blood quality with exercise

운동 중 혈액량은 증가합니다. 이것은 사실상 즉각적인 효과로 신체가 체온을 유지하도록 돕고 심혈관계에도 도움을 줍니다. 프리다이빙을 위해 더 중요한 것은 혈액의 질도 높아질 수 있다는 것입니다. 운동 시작 후 첫 2주 동안의 혈액량 증가는 혈장의 증가 때문입니다. 몇 주 동안 운동을 계속하면 철의 가용성에 따라 헤모글로빈 농도가 최대 10%까지 증가할 수 있습니다.

하지만 얼마나 많은 운동을 해야 할까요? 다행스럽게도 적당한 운동을 지속하는 것으로도 혈액의 질이 높아집니다. 일주일에 몇 번 약 35분 동안만 운동하면 혈액량과 질의 상당한 변화를 볼 수 있습니다. 저항운동(무산소)보다 심혈관 운동(유산소)이 혈액질 향상에 더 효과적입니다.

리커버리 데이Recovery day에는 30분 동안 쉬운 유산소 운동을 하세요. 느린 속도로 유산소 운동을 하면 과로한 근육의 혈류가 촉진되어 회복 시간이 단축됩니다. 만약 당신이 심박수 모니터를 가지고 있다면 최대 심박수의 약 60~65%의 심박수를 유지하도록 노력하세요. 당신의 최대 심박수는 대략 220 - 본인 나이입니다. 31세의 경우 220 - 31 = 189입니다. 이 사람은 132~143 bpm의 목표 심박수로 회복 유산소 운동을 해야 합니다. 회복운동Recovery workout은 격렬한 운동을 한 날로부터 하루에서 이틀 후가 될 수 있습니다. 회복 운동에 대한 자세한 내용은 Part 3에서 확인하세요.

사우나에서 혈액의 질 증가시키기
Increasing blood quality in the sauna

2007년에 실시된 한 연구에서[15] 운동선수들은 그들의 운동 일정에 사우나를 포함시켰습니다. 대조군과 비교하여 일주일에 4번 운동 후 바로 30분 동안 사우나를 이용한 선수들은 혈장과 적혈구 볼륨이 7.1% 증가했습니다.

그 연구의 표본 크기는 꽤 작았지만 결과는 통계적으로 유의했습니다.

---

15 Scoon, Hopkins, Mayhew, Cotter, 2007. Effect of post-exercise sauna bathing on the endurance performance of competitive male runners. Journal of Science and Medicine in Sport 10(4):259-62

만약 당신의 체육관이나 수영장에 사우나가 있다면 반드시 그것을 이용하세요. 사우나에서 깡충깡충 뛰는 것을 추천하며 이것은 이 책에서 얻을 수 있는 가장 쉬운 운동이 될 것입니다.

폐용량 늘리기 및 폐 보호하기
Increasing lung volume and protecting the lung

당신의 폐활량은 일정하지 않습니다. 그것은 성인이 된 이후에도 변할 수 있으며 만약 당신이 프리다이버라면, 당신이 꿈꾸는 것은 바로 폐활량을 증가시키는 것일 겁니다. 스티그 세버린센Stig Severinsen은 그의 책 『호흡학Breatholog』에서 요가와 폐 패킹으로 어떻게 폐활량을 9리터에서 14리터로 늘렸는지 설명합니다.

반호흡으로 잠수하는 다이버이자 디퍼 블루Deeper Blue포럼에 자주 참여하는 잘 알려진 사람 중 한 명인 코너 데이비스Connor Davis는 30미터까지 잠수할 수 있지만 규칙적으로 가슴을 스트레칭한 경우에만 가능합니다. 더 흥미로운 것은 코너가 성문을 닫을 수 없기 때문에 이퀄라이징을 위해 가슴 유연성에 의존한다는 것입니다. 만약 그가 스트레칭을 하지 않는다면 22미터 아래에서는 이퀄라이징을 하지 못합니다. 흉부의 유연성은 우리가 더 깊이 잠수할 수 있게 해줄 뿐만 아니라 스퀴즈로부터 보호해줍니다. 만약 당신의 흉부가 정상 볼륨의 절반으로 작아질 수 있다면, 딥 다이빙 시 완전히 경직된 경우보다 스퀴즈 없이 다이빙을 마칠 수 있는 확률이 훨씬 큽니다.

폐는 늑간근에 의해 크기가 제한되는 부드러운 스펀지 같은 기관입니다. 늑간근의 유연성이 증가하면 폐는 자연히 더 팽창하고 또한 더 수축할 수 있습니다. 프리다이버와 스페로들은 더 커질 수도 그리고 완전히 수축할 수도 있는 흉부를 갖고 싶어 합니다.

여러분 중 일부는 제가 꿈에도 생각하지 못한 요가 자세를 취할 수 있을 만큼 유연할 것입니다. 또한 몇몇은 거의 스트레칭을 해본 적이 없고 나무막대기처럼 뻣뻣할 것입니다. 실력과 상관없이 스트레칭 중 당신이 명심해야 할 세 가지가 있습니다. 1) 아프면 멈추세요. 2) 잘못된 부분에서 스트레칭이 느껴진다면 올바른 스트레칭 방법을 찾아야 합니다. 3) 매일 5분의 스트레칭이 한 달에 한 번 한 시간씩 하는 스트레칭보다 훨씬 더 효과적입니다.

뻣뻣한 어깨 스트레칭 Loosening tight shoulders

일반적으로 늑간근 스트레칭은 가슴 열기 Chest opening 운동 후 하는 것이 더 효과적입니다. 이러한 운동은 특히 하루의 대부분을 책상에 앉아 생활해 어깨가 뻣뻣해진 사람들에게 도움이 될 것입니다. 뻣뻣한 어깨는 늑골의 가동성을 감소시키므로 늑간근 스트레칭 전에 어깨 스트레칭을 해야 합니다. 늑간근 스트레칭에 앞서 어깨를 풀고 가슴을 열기 위해 할 수 있는 간단한 스트레칭이 몇 가지 있습니다.

가슴 열기 Chest opening

흉근은 차근차근 늘릴 수 있습니다. 손을 벽, 막대, 문틀에 대고 앞으로 살짝 기대세요. 등을 곧게 유지하면서 흉근이 스트레칭 되는 것을 느껴보세요. 스트레칭 부위를 바꾸기 위해 손을 위나 아래로 움직여도 됩니다. 왼쪽 흉근을 스트레칭할 때는 왼쪽 발을 한 걸음씩 앞으로 나가세요. 어깨에 힘을 빼서 척추보다 어깨가 뒤로 움직이도록 하세요. 척추를 목에서 등 아래까지 곧게 유지하고 골반을 너무 뒤로 기울이지 마십시오(등이 휘면 안 됨).

둔근에 손 대고 뒤로 젖히기 Hands on glutes and lean back

이 스트레칭은 서서 하거나 무릎을 꿇고 할 수 있습니다. 손을 둔근 바로 위에 놓고 팔꿈치를 서로 향해 부드럽게 누르세요. 척추를 살짝 뒤로 구부려 위를 보고 가슴도 위를 향해 기울이세요. 만약 당신이 무릎을 꿇고 있고 충분히 유연하다면, 발뒤꿈치에 손을 올리고 진행해도 됩니다. 요가에서는 이것을 낙타 포즈라고 합니다.

횡격막과 늑간근 스트레칭
Stretching the diaphragm and intercostal muscles

이제 가슴을 열고 어깨가 풀렸으니 폐활량을 높이기 위한 실제 스트레칭을 시작할 수 있습니다. 폐는 흉곽이 허용하는 것보다 더 많이 팽창할 수 있기 때문에 스트레칭으로 얻을 수 있는 이점이 많다는 것을 기억하세요.

늑간근은 아마도 깊은 수심 프리다이버들이 스트레칭하는 가장 중요한 근육일 것입니다. 이것은 갈비뼈를 분리하고 가슴 윗부분을 팽창시키는 근육입니다. 이 근육들은 폐가 더 커지거나 더 작아질 수 있게 하기 때문에 프리다이버들이 늘리고 싶어 하는 근육입니다.

횡격막은 흉강과 복강을 분리하는 큰 근육입니다. 깊은 잠수를 하는 동안 횡격막은 자동으로 늘어나고 위쪽으로 이동하여 폐가 수축할 수 있도록 합니다.

횡격막 스트레칭 Stretching the diaphragm

'우디야나 반다'라고 불리는 요가 자세를 사용하여 당신의 횡격막을 늘릴 수 있습니다. 이 스트레칭을 위해 당신은 등을 곧게 펴고 바닥에 앉습니다.

몸이 유연하다면 연꽃이나 반 연꽃으로 자세로 앉고 저처럼 몸이 뻣뻣하면 발목에 앉거나 사진처럼 다리를 꼬고 베개나 요가블럭 위에 앉으면 됩니다.

횡격막 스트레칭 수행하기
- 숨을 최대한 내쉬기
- (성문을 닫아)목구멍을 완전히 잠그기
- 횡격막을 위로 끌어 당기기
- '컨트랙션이 일어나기 전'까지 가능한 오래 숨참기
- 숨을 내쉬고 회복하기

늑간근 스트레칭 Stretching the intercostal muscles
옆구리 스트레칭

초승달 포즈는 서 있거나 앉거나 누워서 할 수 있는 매우 간단한 요가 동작입니다.

- 선 자세로 초승달 포즈 수행하기
- 집게손가락을 펴고 손을 모아 머리 위로 뻗으세요.
- 집게손가락을 최대한 위로 뻗어 흉곽을 늘려보세요.
- 상체를 왼쪽으로 구부리면서 엉덩이는 살짝 오른쪽으로 이동합니다.
- 상체를 굽히는 데 집중하지 말고 몸의 오른쪽을 스트레칭하는 데 집중하세요.
- 반대쪽도 반복합니다.

이 움직임의 가장 큰 문제는 요추가 너무 휘어질 수 있다는 것입니다. 이 경우, 측면을 늘리기보다는 상체를 굽히는 것에 너무 초점을 맞추고 있기 때문입니다.

이 동작을 앉아서 하는 경우 엉덩이를 밖으로 움직일 수 없다는 것을 제외하고는 동일합니다.

누운 상태에서 스트레칭 하는 것은 약간 다릅니다:
- 요가 매트에 똑바로 누우세요.
- 엉덩이를 들어 오른쪽으로 살짝 움직입니다.
- 집게손가락을 펴고 손을 모아 머리 위로 뻗으세요.
- 상체를 왼쪽으로 구부리세요. 구부리는 동작보다는 몸의 왼쪽을 스트레칭하는 데 집중하세요.
- 반대쪽도 반복합니다.

측면과 후면 늑간근 스트레칭

　무릎을 꿇고 앉거나 의자에 앉으세요. 허리 아래쪽에 힘을 빼고 골반을 중립 위치에 놓은 자세로 앉는 것이 중요합니다. 사진 속에서 저는 작은 폼롤러 위에 책상다리를 하고 앉아 있습니다.
　호흡을 들이마신 후 다이빙할 때처럼 두 손을 모으고 팔을 머리 위로 뻗으세요. 왼쪽으로 살짝 구부리고 멈췄다가 팔을 하늘로 뻗은 상태에서 손으로 원을 그리며 끝까지 돌려주세요. 척추와 흉골을 제외하고 갈비뼈의 모든 부분이 부드럽게 늘어나는 것을 느껴야 합니다. 하나의 원은 10초에서 1분까지 걸릴 수 있습니다. 이후 같은 타이밍으로 반대 방향으로 스트레칭을 합니다. 천천히 무리하지 않도록 주의하세요.

옆구리 스트레칭과 마찬가지로 요추에는 통증이나 불편함이 느껴지지 않아야 합니다. 길게 늘리는 것에 집중하고 늑간근의 스트레칭을 인식하도록 노력하세요.

요가 호흡법 Yogic breathing

요가 호흡법은 수천 년 동안 행해져 온 명상 호흡으로 스트레스를 줄이고, 심박수를 낮추며, 평온해지는 데 사용되어 왔습니다. 그것은 호흡근육을 훈련시키고 폐활량을 증가시킬 수 있습니다. 요기 호흡을 연습하는 방법은 많습니다. 여기에서는 프리다이빙을 돕기 위한 네 가지 호흡법을 소개합니다. 좀 더 완전한 정보를 원하시면, 스티그 세베린센Stig Severinsen의 호흡학Breathology 책을 읽거나 사라 캠벨Sara Campbell의 프리다이빙을 위한 요가Yoga For Freediving라는 온라인 강좌를 확인하기 바랍니다.

교호 호흡 Alternate nostril breathing

콧구멍 청소 호흡이라고도 알려진 교호 호흡은 두 가지 면에서 우리에게 도움이 됩니다. 첫 번째로 당신의 비강과 부비강을 깨끗하게 하는 데 도움을 줄 것입니다. 둘째, 폐활량을 증가시키는 데 도움을 줍니다.

교호 호흡 수행하기
- 등을 곧게 펴고 편안하게 앉으세요.
- 검지와 가운데 손가락을 눈썹 사이에 놓으세요.
- 엄지 손가락으로 오른쪽 콧구멍을 완전히 닫으세요.
- 공기를 최대한 내뱉은 후,
- 공기를 최대한 들이마십니다.

- 오른쪽 콧구멍을 완전히 열고 왼쪽 콧구멍을 약지로 닫으세요.
- 공기를 최대한 내뱉은 후,
- 공기를 최대한 들이마십니다.
- 반대쪽을 진행합니다.

콧구멍을 열고 닫는 손가락은 편안한 손가락으로 바꿔도 됩니다. 최소 5분 10분간 진행해야 합니다.

최상의 효과를 위해 시간은 스스로 정하세요. 예를 들면, 8초 들이마시고 12초 내쉬거나, 원한다면 숨을 들이마시고 내쉰 후 숨을 참아도 됩니다. 8초 동안 숨을 들이마신 후 4초간 참았다가, 12초간 내쉬고, 4초 동안 참는 것을 10분간 콧구멍을 번갈아 했다면 노트에 8in-4h-12ex-4h(10분) 또는 8:4:12:4(10분)로 기록할 수 있습니다.

정복자(우짜이) 호흡 Conquerors breath

이 호흡은 다이빙 전 스트레스를 해소하는 매우 강력한 방법입니다. 이 호흡으로 당신의 모든 걱정, 두려움, 그리고 정신적인 시끄러움을 씻어낼 수 있습니다. 또한 당신의 심박수를 낮추고 당신이 다이빙하거나 스피어피싱을 하는 흐름의 상태에 이르게 할 것입니다.

정복자(우짜이) 호흡 수행하기

- 천천히, 코로 가득 숨을 들이쉬세요. 저는 눈을 감고 하는 것을 좋아합니다.
- 입을 닫고 당신의 목 뒤로 부드러운 '흐-음' 소리를 내면서 코로 숨을

내쉽니다. (성대를 사용하지 않고) 목구멍을 천천히 열면 됩니다.
- '흐-음' 소리를 일정하게 유지하세요. 소리가 일정하다면, 공기 흐름도 일정하게 됩니다.
- 즐거운 경험을 시각화하거나 걱정이 사라지는 것을 시각화하거나 아무것도 생각하지 않으려고 노력해보세요.
- 반복할 필요는 없지만 원한다면 해도 됩니다.

벨로우즈 호흡 Bellows breathing

벨로우즈 호흡은 제한된 동작 범위에서 횡격막을 훈련시키는 방법으로(동작의 전체 범위에 걸쳐 모든 호흡 근육을 훈련시키는 것으로 교호 호흡과는 반대임) 비강과 부비강 내의 점액을 느슨하게 하는 방법으로도 사용됩니다.

벨로우즈 호흡 수행 방법

- 등을 곧게 펴고 앉습니다.
- 천천히 깊게 호흡을 마신 후 절반만 숨을 내쉬세요.
- 사이클당 1초씩 힘차게 숨을 들이마시고 내쉬세요.
- 반복 횟수는 당신에게 달려 있습니다. 너무 어지러워지기 전에 멈추세요.

카팔바티 Khapalbati

카팔바티 호흡은 숨참기를 여러 번 한 후 또는 다른 운동을 한 후에 몸에서 이산화탄소를 빠르게 제거할 수 있는 좋은 방법입니다. 이 호흡은 활력을 주고 코 호흡을 통해 비강과 부비강을 깨끗하게 합니다. 벨로우즈 호흡과의 차이점은 들숨이 수동적이라는 것입니다.

카팔바티 호흡 수행 방법
- 등을 곧게 펴고 앉습니다.
- 천천히 깊게 호흡을 마신 후 절반만 숨을 내쉬세요.
- 숨을 강하게 내쉬고 공기가 수동적으로 다시 흐르게 하세요. 초당 최대 두 번의 호기까지 할 수 있습니다.
- 반복 횟수는 당신에게 달려 있습니다. 너무 어지러워지기 전에 멈추세요.

호흡 최적화 Optimizing the breath

폐를 둘러싼 몇몇 근육들은 의식적으로 느끼고, 긴장을 풀고, 조절하기가 어렵습니다. 이것은 당신이 다이빙할 때 두 가지 문제를 야기합니다. 첫째, 의식적으로 근육을 이완시킬 수 없기 때문에 근육이 뭉치기 쉽고 소중한 산소를 사용하게 됩니다. 둘째, 그것들을 완전히 통제할 수 없다면 당신은 완전한 숨을 들이마시지 못할 수도 있습니다.

이제 소개할 운동들의 목표는 근육이 긴장한 상태에서도 공기를 가득 마실 수 있게 하는 것입니다. 이것은 당신의 근육에 대한 인식을 높이고 근육을 더 쉽게 이완시킬 수 있게 만들어줄 것입니다. 잘 훈련된 근육은 뻣뻣해지지 않는다는 것을 기억하세요.

> 마사지 치료사가 처음으로 제 전거근을 풀어줬을 때 믿을 수 없을 만큼 폐에 공기를 가득 채울 수 있었습니다. 만약 당신의 폐를 둘러싸고 있는 근육이 호흡에 어떤 영향을 미치는지 느끼고 싶다면 마사지 치료사에게 그 근육들을 풀어달라고 요청하세요.

전거근 운동 Serratus exercise

전거근은 어깨뼈와 갈비뼈를 연결하는 근육입니다. 전거근이 너무 타이트할 경우 어깨뼈가 갈비뼈에 매우 가깝게 당겨지고 기능적 폐 용량이 감소합니다. 안타깝게도 그것을 늘리는 것은 현실적으로 불가능합니다. 대신 우리가 할 수 있는 것은 전거근이 타이트해지지 않도록 그것의 운동 범위의 최대치에서 훈련시키는 것입니다.

전거근 훈련 방법:

- 플랭크 자세로 시작
- 가슴이 어깨 사이로 내려가게 하고
- 천천히 크게 숨을 들이마시고 내쉬세요.
- 가슴을 높이 들어 올리세요. 등 위쪽은 상당히 둥글게 됩니다.
- 천천히 크게 숨을 들이마시고 내쉬세요.
- 최소 20회 반복하세요.

늑간근 운동 Intercostal exercise

이 운동은 늑간근과 코어를 운동시킵니다. 이 운동을 통해 늑간근이 강해지고 완전히 숨을 들이마시고 내쉬는 것을 더 잘 지원할 수 있게 될 것입니다.

늑간근 훈련하기

- 케이블 기계를 사용하거나 팔꿈치 높이에서 문이나 기둥에 탄력 밴드를 묶습니다.
- 명치 바로 앞, 팔꿈치 높이에서 두 손으로 밴드를 잡습니다. 밴드가 몸쪽에 있어야 합니다.
- 밴드를 앞으로 움직입니다.
- 천천히 숨을 크게 마시고 내쉬세요.
- 밴드를 다시 몸쪽으로 옮기세요.
- 천천히 숨을 크게 마시고 내쉬세요.
- 적어도 10회 반복 후 반대쪽도 동일하게 하세요.

가동 범위 끝 운동 End range of motion exercise

제가 회전근개 부상에서 회복하고 있을 때, 운동 범위 내에서 힘과 근력을 훈련할 수 있는 운동을 배웠습니다. 그것은 쉬운 운동이었고, 저는 그것을 근육과 횡격막에 적용할 수 있다는 것을 깨달았습니다. 이 훈련은 당신에게 즉각적인 결과를 줄 것입니다.

- 허리를 곧게 펴고 앉으세요.
- 양손을 허리에 얹으세요(어깨가 늑골 아래로 짓누르지 않게).
- 천천히 그리고 완전히 숨을 들이마시고,
- 최대한 마셨을 때 횡격막과 늑간근을 사용해 흡기를 유지하세요.
- 성문이나 입을 닫지 마세요. 공기가 입에서 폐로 자유롭게 이동할 수 있어야 하고 호흡 근육들만을 이용해 폐에 넣어두어야 합니다.
- 10초 후 호흡을 내쉽니다.

- 5회 반복하세요.

이 운동은 반대로 숨을 내쉬면서 할 수도 있습니다. 시간이 지남에 따라 이 운동은 딥 다이빙에 필요한 흉부 유연성을 기르는 데 도움이 될 것입니다. 또한 RV를 낮춰 더 깊은 수심에서 이퀄라이징을 할 수 있게 됩니다.

- 숨을 완전히 내쉬세요.
- 숨을 참으시고 성문을 닫으세요.
- 횡격막을 위로 당겨 올리세요.
- 횡격막을 내리세요.
- 가능하다면 공기를 더 내뱉으세요.
- 2단계부터 다시 반복하고 컨트랙션이 오기 전에 멈추세요.

렁패킹 Lung packing

렁패킹은 성문Glottis을 사용해 폐를 과하게 부풀리는 것으로 잠수 전 폐의 용적을 일시적으로 증가시키는 방법입니다. 한 번의 패킹은 본질적으로 공기 한 모금과 같습니다. 렁패킹은 폐 볼륨을 높이는 가장 좋은 방법이 아닙니다. 왜냐하면 패킹은 흉곽 내에서 일반적으로 허용하는 양 이상으로 볼륨을 증가시키기 때문입니다. 이러한 이유로 렁패킹은 공기 색전증, 기흉, 폐와 기도 파열 및 척추 정렬 불량과 같은 다양하고 심각한 부상을 초래할 수 있습니다.

패킹은 수심 다이빙보다 스테틱과 다이나믹 시 더 위험합니다. 왜냐하면 패킹 후 스테틱과 다이나믹을 진행할 경우 전체 시간 동안 폐가 팽창된 상태를 유지하기 때문입니다. 반면 수심 다이빙 시에는 물속으로 하강해 내려가면 수압이 증가해 폐는 최대 용적 이하로 줄어들게 됩니다. 이것은 폐 안의 압력이 외부의 압력과 평형을 이루도록 해줍니다. 수면에 있는 경우(또는 다이나믹 시 2m 깊이에 있는 경우) 폐 내부의 압력이 상승하여 부상을 입을 위험이 있습니다.

물론 패킹은 극단적으로 많이 하거나 또는 가볍게 할 수도 있습니다. 안타깝지만 어느 정도까지 패킹하면 부상이 발생하는지는 알 수는 없습니다. 일부 교육 기관들은 이러한 이유로 교육생들에게 패킹을 가르치는 것을 중단했습니다.

패킹의 장점에 대해서는 의심의 여지가 없습니다. 패킹으로 잔기량에 도달하는 깊이를 늘리면 이퀄라이징 가능 수심도 깊어집니다. 당신은 더 많은 산소를 가지고 잠수할 것이고 이산화탄소를 녹일 수 있는 더 큰 공기 저장고를 갖게 될 것입니다. 이것은 컨트랙션이 늦게 시작된다는 것을 의미합니다.

하지만 패킹을 시작하기 전 자신에게 물어봐야 할 질문은 다음과 같습니다:

- (앞에 나온) 다른 안전한 훈련들은 다 했나요?
- (패킹의) 이득이 위험을 감수할 만한 가치가 있나요?

렁패킹을 시작하고 싶다면 물밖에서 충분히 연습하고 수심 다이빙을 할 때만 사용하세요. 그리고 수면에서 폐가 과도하게 팽창한 상태로 머무는 시간을 최소화하세요. 최대 패킹 수를 세션당 2회 이상 늘리지 마십시오. 예를 들어, 이전에 최대 10회의 패킹을 수행했다면 다음 세션에서 12회를 초과하지 마십시오.

렁패킹 연습 방법
- 1~3분 심호흡으로 시작
- '운동 범위 끝' 호흡 5회 반복
- 최대 흡입 + 2패킹
- 모든 긴장을 풀고 숨을 내쉬세요. 당신이 숨을 참는 시간을 최소화하세요.
- 최대 흡입 + 4패킹
- 모든 긴장을 풀고 숨을 내쉬세요.
- 본인 최대 패킹 횟수에서 마지막 두 번째 반복이 될 때까지 2회씩 패킹을 계속 추가하세요. 이 단계를 두 번 반복하고, 마지막 단계를 세 번 반복하세요. 예를 들면 :
- 최대 흡입 + 10패킹
- 긴장 풀고 내쉬기
- 최대 흡입 + 10패킹
- 긴장 풀고 내쉬기
- 최대 흡입 + 12패킹
- 긴장 풀고 내쉬기
- 최대 흡입 + 12패킹
- 긴장 풀고 내쉬기
- 최대 흡입 + 12패킹
- 긴장 풀고 내쉬기
- '운동 범위 끝' 호흡 5회 반복

다시 한번 말하지만 패킹으로 부상을 입을 수 있습니다. 주의를 기울이고 뭔가 이상하다고 느껴지면 즉시 멈추고 의사에게 진찰을 받으십시오. 당신은 오버패킹을 할 수 있고 그것으로 인해 매우 다이빙을 못하게 될 수도 있습니다. 대부분의 프리다이버와 스피어피셔들은 패킹이 필요 없습니다. 반면 모든 수심 종목의 기록은 패킹하는 프리다이버들에 의해 세워집니다.

횡격막 컨트롤하기
Controlling the diaphragm

CO_2 내성 훈련과 함께 호흡계를 훈련시켜 횡격막을 더 잘 제어할 수 있다고 생각해보세요. 당신의 컨트랙션은 늦게 시작되고 컨트롤하기도 쉬워질 것입니다.

고전적인 프라나야마 호흡 기술은 우리가 앉아 있거나 움직이는 동안 호흡 시스템을 훈련시킬 수 있게 해줍니다. 프라나야마는 "호흡 조절"을 의미하는 산스크리트어입니다. 간단한 프라나야마 호흡은 정해진 시간 동안 숨을 들이마시고 내쉬는 것입니다. 일반적으로 내쉬는 시간은 들이마시는 길이의 두 배입니다. 예를 들어, 숨을 들이마시는 데 2초가 걸렸다면 내쉬는 데 4초가 걸릴 수 있습니다. 보다 발전된 프라나야마 호흡에는 시한 유지(숨을 가득 마신 후 멈추기) 또는 시한 지속(숨을 내쉰 후 멈추기)

이 포함될 수 있습니다. 상대적으로 빠른 프라나야마는 분당 10회 호흡이 필요하고 느린 프라나야마는 분당 2회 또는 1회 호흡까지 느리게 할 수 있습니다. 이러한 느린 프라나야마는 우리가 1) CO_2를 축적하거나 2) 지속적이지만 느린 호흡으로 신진대사율을 낮출 수 있게 해줍니다.

프라나야마는 보통 등을 곧게 펴고 연꽃 자세로 똑바로 앉아 진행합니다. 어떤 심박수로 시작하든 프라나야마를 몇 분 하고 나면 대략 45까지 떨어집니다. 때때로 37까지 떨어질 때도 있습니다. 만약 전통적인 방식으로 진행한다면, 프라나야마는 당신을 진정시키고 신진대사 속도를 늦출 것입니다.

느린 프라나야마를 할수록 횡격막을 조절하기가 더 어려워지는 것을 알 수 있을 것입니다. 당신은 숨을 내쉬거나 지속한 후, 숨을 헐떡이고 싶은 것을 발견할 것입니다. 이것은 CO_2 증가의 영향입니다. 2, 3, 4를 카운트하며 모든 숨을 내쉬기 위해 횡격막을 컨트롤할 필요가 있을 것입니다. 비록 프라나야마를 하는 것은 실제 다이빙과 다르지만, 컨트랙션 전에 횡격막과 명치에 오는 느낌은 동일합니다. 그러므로, 프라나야마는 프리다이빙 훈련에 훌륭한 보완물입니다.

프라나야마 시간을 재는 아주 간단한 방법은 앱을 사용하는 것입니다. 아이폰은 사가라saagara가 만든 프라나야마 유니버셜 브리딩pranayama Universal Breathing을 사용합니다. 무료 버전에는 간단한 프라나야마가 포함되어 있습니다.

무료 버전도 충분하지만 몇 달러만 내면 사용자가 커스터마이징 할 수 있으며, 다른 프라나야마도 사용할 수 있습니다. 저는 이 앱과 아무 관계도 없습니다.

CO_2 내성 훈련
CO_2 Tolerance training

증가된 CO_2 농도에 대한 내성의 부족은 일반적으로 초보 프리다이버들을 괴롭히는 것입니다. CO_2 내성 훈련 방법은 여러 가지가 있습니다. 어떤 방법은 당신에게 통할 수도 있고, 어떤 방법은 통하지 않을 수도 있습니다. 그냥 다 시도해 보세요. 그리고 잘 맞는 훈련 방법을 찾으시기 바랍니다.

컨트랙션에 대하여 A note on contractions

컨트랙션(수축)은 사람마다 다릅니다. 어떤 다이버들은 5분 이상 숨을 참는 동안 전혀 느끼지 못하는 반면 다른 다이버들은 잠수를 시작한 지 20초 만에 첫 번째 수축을 느끼고 잠수하는 내내 그것을 느끼기도 합니다.

컨트랙션의 종류도 사람마다 다릅니다. 어떤 다이버들에게는 강한 근육 경련으로 항상 일정 깊이 아래에서 스퀴즈를 발생하게 합니다. 다른 다이버들은 특별한 문제 없이 50미터까지 편하게 이것을 경험합니다.

몇몇 유명한 다이버들은 가능한 수축을 겪는 것을 피하려고 합니다. 예를 들어 아론 솔로몬Aharon Solomons은 그것이 너무 해로울 수 있고 심리적인 피해를 줄 수 있다며 극단적인 CO_2 훈련을 막습니다. 에릭 파타Eric Fattah는 그의 저서 『홀리스틱 프리다이빙Holistic Freediving』에서 수축은 본질적으로 신체에 스트레스를 주며 이산화탄소에 대한 적응은 점진적

이어야 한다고 말했습니다.

CO_2 테이블은 당신의 CO_2 내성을 증가시키기 위한 일련의 숨참기입니다. CO_2 테이블을 많이 하는 이유는 단순히 수행하기 쉽기 때문일 것입니다. 예를 들어, CO_2 테이블 수행 시 다이버는 숨을 참는 총 시간과 관계없이 특정 횟수의 수축 후 숨참기를 종료할 수 있습니다.

CO_2 훈련을 위한 이상적인 방법이 무엇인지 아는 것은 어렵습니다. 그러나 두 가지 전제를 기반으로 훈련 프로그램을 설계할 수 있습니다. 이러한 전제들은 1) 고전적인 CO_2 테이블 훈련이 정체기로 이어지면 훈련 방법을 바꿔야 하며, 2) 컨트랙션은 신체에 스트레스를 줄 수 있고 득보다 실이 많을 수 있다는 것입니다. 만약 당신이 개인적으로 이런 경우들에 해당된다고 생각한다면 숨참기보다는 단거리 달리기, 다이나믹 프라나야마, 또는 트레이닝 마스크로 CO_2 내성 훈련을 하시기 바랍니다.

CO_2 테이블 CO₂ Tables

CO_2 허용오차를 훈련하는 일반적인 방법은 CO_2 테이블 훈련입니다. 이 방법은 초보자들에게 효과적이며 중급 이상의 다이버들에게는 어울리지 않습니다. 281m의 DYN과 225m의 DNF 세계 기록을 보유하고 있는 고란 클락Goran Colak은 이 훈련이 정체기에 도달하면 보다 발전된 형태의 CO_2 훈련으로 변경해야 한다고 말합니다. 더 나아가 그는 이것이 1년 이상이 걸려서는 안 된다고 믿고 있습니다.

가장 일반적인 CO_2 테이블은 다음과 같습니다. 2분간 준비호흡 후, STA PB 기준 60%만큼의 시간 동안 숨참기를 합니다. 이제 준비호흡 시간을 15초씩 줄이고 같은 시간 동안 숨참기를 반복합니다. 마지막에는 15초 이내로 준비호흡 하는 방식으로 두 번 반복하며 테이블을 끝냅니다.

5:20 STA PB(60%max 3:15)를 가진 다이버의 경우 CO_2 표는 다음과 같습니다:

- 2분간 준비호흡
- 3:15 숨참기
- 1:45 회복
- 3:15 숨참기
- 1:30 회복
- 3:15 숨참기
- 1:15 회복
- 3:15 회복
- 1:00 회복
- 3:15 숨참기
- 0:45 회복
- 3:15 숨참기
- 0:30 회복
- 3:15 숨참기
- 0:15 회복
- 3:15 숨참기
- 0:15 회복
- 3:15 숨참기
- 총 소요 시간: 38분 30초

이러한 CO_2 내성 훈련 방법은 초보 프리다이버들에게 매우 효과적입니다. 하지만, 대부분의 프리다이버들의 경우 (꾸준히 훈련하다 보면) 정체기가 오게 되고 이 경우 다른 방법으로 CO_2 내성 훈련을 시작해야 합니다.

다행스럽게도, 여러가지 CO_2 내성 훈련 방법들이 있습니다. 전통적인 CO_2 테이블처럼 이 운동들은 당신이 원하는 만큼 어렵게 또는 쉽게 조절할 수 있습니다. 만약 전통적인 CO_2 테이블 훈련이 정체기에 도달했거나 다른 방법으로 훈련하고 싶다면, 다음에 나오는 훈련들을 해보세요.

30분 숨참기 30minutes of maximum holds

고란 클락Goran Colak이 풀종목에서 자신의 세계 기록을 준비하기 위해 사용했던 훈련 방법입니다. 그는 도니 맥Dony Mac의 프리다이브 카페 팟캐스트 인터뷰 때 그의 훈련에 대해 이야기했습니다.

트레이닝은 간단합니다.

- 숨참기 사이에 숨을 한 번 쉴지 두 번 쉴지를 결정하세요.
- 알람을 30분간 설정하고 심호흡을 한 후 최대 숨참기를 실시합니다.
- 회복호흡(1 or 2회).
- 반복합니다.

숨 참는 시간을 잴 필요는 없고, 30분이 언제 끝나는지만 알면 됩니다. 이 연습의 장점은 너무 쉽다는 것입니다. 적어도 논리적으로는 말입니다. 단점은 당신의 진전 여부를 추적하기 어렵다는 것입니다.

데이비드 블레인David Blaine도 100% O_2를 사용해 호흡 후 17분의 숨참기 기록에 도전하기 위한 준비를 할 때 비슷한 연습을 했습니다. 그는 기록 시도에 앞서 몇 달 동안 매일 아침 최대 60분 숨참기를 시작했습니다. 저는 개인적으로 이 운동을 좋아하지만 제 경우에는 컨트랙션이 시작되면 숨참기가 끝납니다. 이 연습은 저의 목적에는 적합하지만 풀종목 선수들에게는 맞지 않을 수도 있습니다.

동적 프라나야마 Dynamic pranayama for CO_2 tolerance

요구사항
 스톱워치(또는 프라나야마 앱과 헤드폰)
 실내 자전거(Best), 로잉머신(OK) 또는 달리기 복장

실내 자전거를 타고 1분에 7~10회 호흡을 할 수 있는 프라나야마를 시작합니다. 이때 숨쉬기를 멈추지 말고 연속적으로 들이마시고 내쉬면서 사용할 것을 제안합니다(이것을 유지하기는 매우 어렵겠지만 자유롭게 실험해 보세요). 이 훈련에서 제가 가장 좋아하는 방법은 실내 자전거입니다. 왜냐하면 실내 자전거는 일정한 출력(와트 단위로 측정됨)을 유지할 수 있고 데이터를 쉽게 기록할 수도 있기 때문입니다. 로잉머신은 운동 동작에 따라 호흡 패턴을 유지하는 것이 어렵기 때문에 이 훈련에 이상적이지 않습니다. 달리기도 파워 출력이나 속도를 알 수 없기 때문에 이상적이지 않습니다.
 타이머를 10분으로 맞추고 지구력 운동을 시작하세요. 예를 들어

100W의 파워 출력으로 느리게 시작합니다[16]. 2분 간격으로 파워 출력을 높입니다. 10분이 끝날 때까지 호흡 패턴을 유지하는 것이 중요합니다. 필요하면 20분까지 운동을 연장할 수 있습니다.

CO_2 내성 운동을 하는 동안 과훈련을 조심해야 합니다. 몸에 CO_2가 부적절하게 축적되면 탄산과잉증에 의해 극심한 두통이 발생할 수 있습니다. 가벼운 두통이 느껴지면 즉시 운동을 중단하고 5분 정도 정상적으로 호흡하세요. 운동을 다시 시작하기로 결정한 경우 낮은 출력에서부터 다시 시작합니다. 만약 당신이 너무 무리해서 심한 두통을 경험했다면, 하루 동안 모든 운동을 중단하세요. 15분 안에 두통의 강도가 줄어들겠지만 완전히 극복하려면 아마도 하룻밤의 충분한 휴식이 필요할 것입니다. 이 운동을 제대로 하면 마지막에 조금 힘들지만 불편하지 않고 두통으로 이어지지도 않을 것입니다. 체내 CO_2가 증가할 경우 혈관이 확장되는데 이 운동을 하면서 더위를 식히기 위해 호흡을 빨리 할 수 없기 때문에 땀을 많이 흘리게 될 수도 있습니다.

훈련 방법

앱이나 스톱워치에 맞춰 3초 들이마시고 6초 내쉬는 호흡 패턴을 사용합니다. 이것은 분당 약 7회의 호흡 패턴입니다.

총 타이머를 10분 동안 설정하고 실내 자전거를 다음과 같은 방식으로 사용합니다(난이도는 호흡 패턴에 따라 달라질 수 있음).

- 0~2분: 100와트(쉬움)

---

16 일부 기계는 Cal/hr값만 표시합니다. 이 값도 사용할 수 있지만 표시되는 값은 사용자의 입력값(체중 및 연령)에 따라 달라지며 기계마다 다른 알고리즘을 사용할 수 있습니다.

- 2~4분: 120와트(쉬움)
- 4~6분: 130와트(중간)
- 6~8분: 140와트(중간)
- 8~10분: 150와트(어려움)

운동 후 과도하게 축적된 CO_2를 제거하기 위해 숨이 많이 차겠지만 두통이나 다른 불편함은 없어야 합니다. 운동은 편안한 범위 내에서 훈련을 보장하기 위해 점차 강도를 높일 수 있습니다.

다음과 같은 경우 총 파워 출력을 낮춰야 합니다:
- 호흡 패턴을 따르는 것이 너무 어려운 경우(예: 호흡 타이밍이 연속 3번 이상 맞지 않을 경우)
- 운동으로 인해 두통 또는 심각한 탄산과잉증을 나타내는 기타 증상을 느끼는 경우

다음과 같은 경우에는 총 파워 출력을 높여야 합니다:
- 운동 전체가 쉬운 경우
- 운동 후에도 호흡이 거칠지 않은 경우

시간이 충분하다면 원하는 만큼 운동 시간을 늘려도 됩니다.

수영 Swimming as CO_2 tolerance training

수영은 CO_2 내성을 훈련시키는 환상적인 방법이 될 수 있습니다. 왜냐

하면 당신의 스트로크에 의해 호흡 수가 자동으로 조절되기 때문입니다. 자유형을 하는 동안 양쪽으로 숨을 쉴 수 있는 경우 원하는 대로 호흡 수를 변경할 수 있습니다. 나탈리아 몰차노바Natalia Molchanova는 물에서 편안해지기 위해 그리고 CO_2 내성을 키우기 위해 수영 훈련을 사용하는 확고한 신봉자였습니다. 수영하는 동안 CO_2 허용치를 훈련하는 가장 간단한 방법은 피라미드 훈련법입니다:

- 50m 수영, 3 스트로크마다 호흡
- 50m 수영, 5 스트로크마다 호흡
- 50m 수영, 7 스트로크마다 호흡
- 50m 수영, 5 스트로크마다 호흡
- 50m 수영, 3 스트로크마다 호흡

운동을 늘리고 싶다면 호흡 비율을 늦추거나(예: 5, 7, 7, 7, 5) 거리를 늘릴 수 있습니다.

마지막 두 세트의 거리를 늘리고 싶은 경우
- 50m 수영, 3 스트로크마다 호흡
- 50m 수영, 5 스트로크마다 호흡
- 50m 수영, 7 스트로크마다 호흡
- 100m 수영, 5 스트로크마다 호흡
- 100m 수영, 3 스트로크마다 호흡

이것은 당신의 CO_2 수치를 더 오랫동안 더 높게 유지시켜 줄 것이고,

만약 당신이 과하게 훈련하지 않는다면 더 나은 결과를 얻을 것입니다.

이 훈련은 속도가 아니라 일관성이 중요하다는 것을 기억하세요. 머리가 아프면 운동 강도를 줄여야 합니다.

스프린트 Sprint

최대 스프린트를 하게 되면 엄청난 양의 이산화탄소가 체내에 축적됩니다. 몇몇 최고 수준의 프리다이빙 선수들은 CO_2 내성 훈련으로 스프린트를 추천하는데, 그중에는 DYN에서 현재 300미터 세계 기록을 보유하고 있는 조르지오스 파나기오타키스Giorgios Panagiotakis와 에릭 파타Eric Fattah도 있습니다.

스프린트는 올바르게 수행될 경우 CO_2 내성을 훈련하는 간단한 방법입니다. 스프린트 시 최대 강도의 80% 이상이어야 하며, 시간은 약 1분에서 3분 사이여야 합니다. 스프린트를 한 후에도 호흡이 가쁘지 않으면 충분히 빨리 달린 것이 아닙니다. 이상적인 전력 질주 시간은 2분입니다. 이러한 스프린트는 스프린트 시간의 1/2의 회복 간격을 두고 실시해야 합니다. 예를 들면:

- 2분 스프린트
- 1분 회복
- 8~10회 반복

이 스프린트 훈련은 또한 젖산이 쌓였을 때 당신의 근육이 조금 더 잘 움직이도록 훈련시킬 것입니다. 젖산 훈련에 더 관심이 있는 경우 다양한 스프린트 훈련이 있는 젖산 훈련 섹션을 참조하십시오(운동 대 회복 비율이 약간 다름).

트레이닝(저항) 마스크 Using a training mask for CO_2 tolerance

저항 마스크 착용은 CO_2 내성을 키우는 또 다른 간단한 방법입니다. 트레이닝 마스크는 당신의 공기 흡입과 배출 기류를 줄여줍니다. 그것은 수동적으로 얼마나 많은 이산화탄소를 제거할 수 있는지에 영향을 미칩니다. 또한 호흡에 더 강한 힘이 필요하기 때문에 횡격막과 늑간근을 더 강하게 만듭니다.

트레이닝 마스크는 인터벌 훈련과 지구력 훈련 모두에 사용될 수 있습니다. 앞에서 설명한 동적 프라나야마 운동과 달리 트레이닝 마스크는 수동적으로 호흡 수에 영향을 미칩니다. 저는 개인적으로 호흡 수에 능동적으로 영향을 미치는 것이 더 나은 훈련이라고 생각합니다. 이유는 그것이 당신이 프리다이빙 하는 동안 일어나는 일이기 때문입니다. 하지만 트레이닝 마스크가 효과가 있고 사용하기 쉽다는 것에는 의심의 여지가 없습니다.

O₂ 테이블
O₂ table

O₂ 테이블은 최대 숨참기를 위한 훈련입니다. 준비호흡 시간을 일정하게 유지하고 숨참는 시간을 늘립니다. 예를 들어, 최대 4분간 숨을 참는 다이버는 다음 테이블을 할 수 있습니다:

- 호흡: 2:00
- 숨참기: 2:00
- 호흡: 2:00
- 숨참기: 2:30
- 호흡: 2:00
- 숨참기: 3:00
- 호흡: 2:00
- 숨참기: 3:15
- 호흡: 2:00
- 숨참기: 3:30
- 호흡: 2:00
- 숨참기: 3:45

숨참기 시간이 개인 최고 기록 기준 1분 이내가 되면 숨참는 시간을 기존 30초에서 15초씩 증가하는 것으로 변경하는 것을 확인할 수 있습니다. O₂ 테이블 훈련의 또 다른 방법은 컨트랙션 숫자를 카운트하는 것입

니다. 예를 들면:
- 호흡: 2:00
- 숨참기: 1차 컨트랙션
- 호흡: 2:00
- 숨참기: 5차 컨트랙션
- 호흡: 2:00
- 숨참기: 10차 컨트랙션
- 최대 숨참기에서 멈춤

숨을 참는 동안 컨트랙션의 카운트를 늘리거나 줄일 수 있습니다. 숨을 최대한 참는 동안 어떤 다이버들은 수축을 느끼지 않는 반면, 다른 다이버들은 최대 100회를 넘을 수도 있다는 것을 기억하십시오. 이러한 유형의 테이블은 개인에 맞게 조정해야 합니다.

저항 극복을 위한 스트레칭
Stretches to overcome drag

다이빙을 하는 동안 저항을 줄이는 것은 거의 모든 면에서 당신의 다이빙을 더 좋게 만듭니다:
- CO_2 생산 속도를 줄입니다.

- O_2 소모가 줄어듭니다.
- 하강하기 위해 더 적은 힘을 필요로 합니다.
- 젖산 축적 속도가 줄어듭니다.
- 다이브 타임이 줄어듭니다.

100m 수심까지 다이빙할 경우를 상상해 보세요. 30m에서 프리폴 단계를 시작한다면 당신은 총 70m 동안 가라앉을 것입니다. 만약 평균 하강 속도를 0.1m/s 높일 수 있다면 7초의 귀중한 시간을 얻게 됩니다. 그리고 그것은 당신이 수면을 향해 상승하는 동안 얻는 것은 고려되지 않았습니다. 우리는 가능한 한 '저항이 없는' 것을 목표로 삼아야 합니다. 만약 당신이 몇 번의 짧은 다이빙을 한다면 저항은 당신의 젖산 의존도를 높일 것이고 이 경우 더 빨리 피곤함과 통증을 느끼게 될 것입니다. 저항이 줄어들면 다이빙 세션을 더 오래 진행할 수 있습니다.

저항을 줄이는 것은 우리가 이동하는 방향에서 보았을 때 단면적을 줄이는 것을 의미합니다. 저항을 만드는 위치를 식별하기 위해서는 다이빙하는 동안 자신의 영상이나 사진을 찍어 확인하는 것이 가장 좋습니다. 우리는 모두 다른 모양의 신체를 가지고 있고 촬영된 영상을 사용하여 어떻게 스트레칭해야 하는지 정확하게 파악할 수 있습니다.

그럼에도 불구하고, 여기 매우 흔한 두 가지 문제가 있습니다. 첫 번째는 흉근이 타이트한 경우고, 두 번째는 발목이 경직된 경우입니다. 제 생각엔 이런 이슈들 중 하나가 이 책을 읽고 있는 사람들의 90%에 영향을 미칠 것입니다. 경직된 흉근과 발목으로 인해 저항은 상당히 증가합니다.

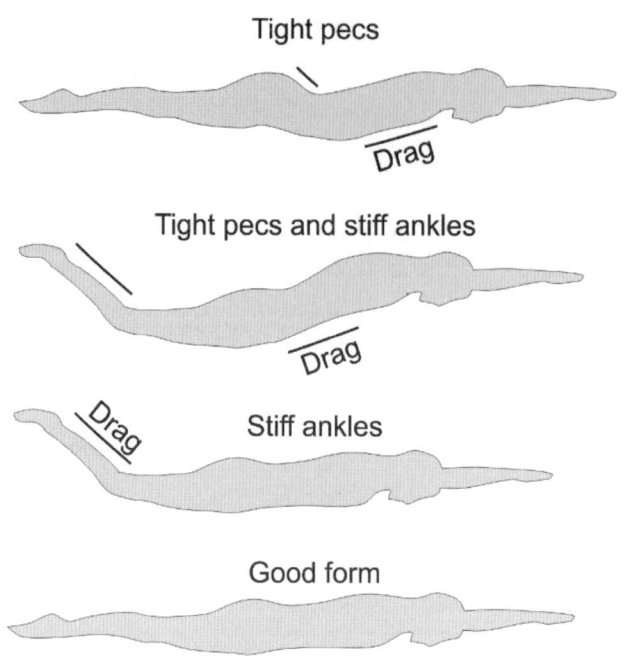

아치형 등과 타이트한 흉근 Hyper-arched back and tight pecs

양팔을 머리 옆에 붙이기 위해서는 유연한 흉근이 필요합니다. 여러분 대부분은 "팔을 머리 옆으로 붙이는 것은 별로 어렵지 않아"라고 생각할 것입니다. 하지만 옆에서 보면 아치형으로 구부러진 모습을 볼 수 있을 것입니다. 이것은 당신의 가슴과 엉덩이를 튀어나오게 하고 불필요한 저항을 만듭니다.

당신의 흉근을 얼마나 늘일 수 있는지 확인하는 방법은, 바닥에 누워 팔을 천천히 위로 올리는 동안 허리 부분이 바닥에 붙어 있는지 확인하는 것입니다. 만약 흉근이 너무 타이트하다면, 허리 부위가 위로 들리게 되는데 그 이유는 흉근이 아닌 척추에서부터 회전하기 때문입니다. 다리를 몸 뒤로 곧게 유지하기 위해서는 골반이 보상하고 뒤쪽으로 기울어야 합니다.

벤치 펙 스트레칭 Bench pec stretch

당신의 흉근을 스트레칭하는 쉬운 방법은 수평 벤치를 사용하는 것이고 선택적으로 두 개의 가벼운 아령(0.5kg)으로 시작하는 것입니다. 등을

벤치에 대고 누워서 팔을 위로 쭉 뻗은 상태에서 천천히 내려서 옆쪽으로 오게 하세요. 팔꿈치를 고정하고 아령이 서로 부딪힐 때까지 팔을 넓은 호 모양으로 천천히 움직여 머리 위쪽으로 움직이세요. 아령의 무게로 스트레칭 되도록 그대로 두고 아령을 일부러 더 내리려고 하지 마세요.

Ab 휠 펙 스트레칭 Ab wheel pec stretch

이것은 흉근 스트레칭이자 가동성 훈련입니다. 저는 개인적으로 이 운동이 흉근은 물론이고 반대쪽 등 근육도 단련시켜주기 때문에 좋아합니다. 손은 서로 가까이 붙어 있고 팔은 머리 위에 있기 때문에 우리가 다이빙할 때 원하는 자세와도 매우 비슷합니다.

- 벽에서 50cm 정도 떨어져 무릎을 꿇습니다.
- 척추를 중립으로 유지한 상태에서 상체를 벽 쪽으로 더 가까이 움직이면서 ab휠을 밀어 올립니다. 이때 팔꿈치는 고정합니다.
- 팔을 앞으로 밀어서 상체가 벽에서 멀어지고 ab휠은 살짝 내려

갑니다.
- 만약 당신이 흉근에 더 많은 압력을 원한다면, 벽에서 더 멀리 떨어지거나 일어서서 진행하세요. 무리할 경우 허리에 통증이 생길 수 있으니 조심하세요.
- 10~20회 앞뒤로 롤링합니다.
- 이 운동은 허리에 무리가 가지 않도록 서서 무릎을 약간 구부리고 할 수 있습니다.

발목 유연성과 블레이드 각도 Stiff ankles with straight blades

많은 프리다이빙 핀은 풋포켓과 블레이드 사이에 각도가 거의 없습니다. 그 결과, 글라이딩 할 때 블레이드가 약간 앞을 가리킵니다. 이것은 속도를 줄이고 다이빙 노력을 증가시키는 저항을 유발합니다.

프리다이버들은 두 가지 방법으로 이것을 컨트롤할 수 있습니다. 첫 번째 방법은 무릎을 굽히는 것입니다. 하지만 이렇게 하면 다른 곳에서 저항이 발생합니다. 두 번째 방법은 발가락을 뒤로 향하게 하는 것인데, 이상적인 방법이지만 발목의 유연성이 많이 필요합니다.

물론 각도가 있는 핀을 착용해야 한다고 말할 수 있습니다. 하지만 그렇게 하면 발이 저항을 만듭니다.

발과 핀 주변의 저항을 최소화하기 위해서는 발목의 유연성을 높여야 합니다. 발목 유연성의 달인은 발레 무용수와 체조 선수들이기 때문에 우리는 그들의 운동을 이용해보도록 하겠습니다.

앉아서 하는 발목 스트레칭 Seated ankle stretch

이 방법은 가장 쉬운 발목 스트레칭입니다: 무릎을 꿇고 발목 위에 앉으세요. 적어도 1분 동안은 그대로 있으세요.

변형:

- 위 상태에서 뒤쪽으로 기대세요. 뒤로 넘어가기 전 뒤쪽에 손을 짚으세요.
- 수건을 말아서 발 앞쪽 밑에 두세요.
- 발목이 유연하지 않다면, 다리를 조금 더 넓게 하고 다리 사이에 베개를 두고 앉으세요.

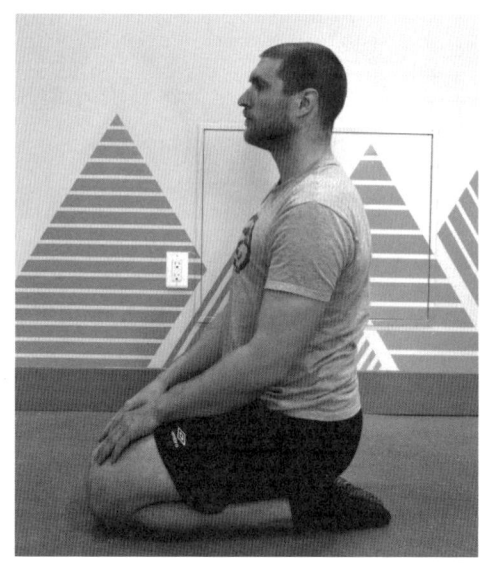

파트너와 함께하는 발목 스트레칭 Partner ankle stretch

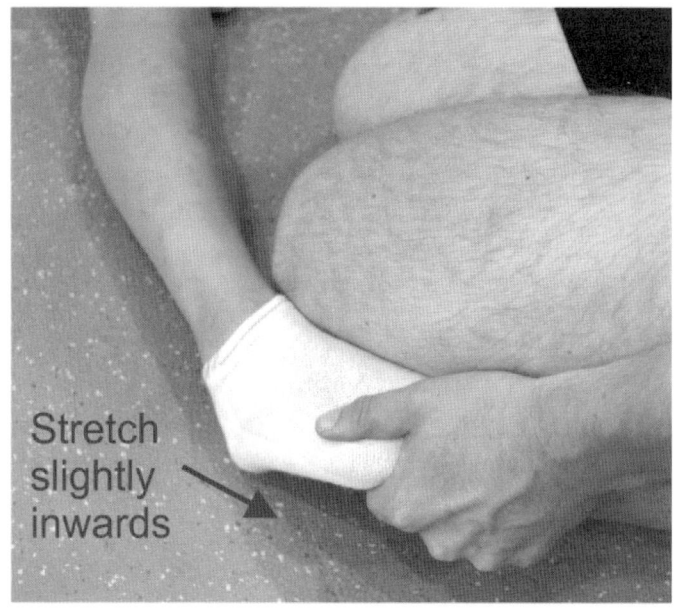

파트너와 함께 발목 스트레칭을 할 수 있습니다. 엉덩이를 바닥에 대고 앉아 오른쪽 다리를 완전히 펴세요. 만약 당신의 햄스트링이나 종아리가 너무 뻣뻣할 경우 베개나 낮은 벤치에 앉아도 됩니다. 무릎을 구부리지 말고 발가락을 가능한 한 전방과 아래로 향하게 하세요. 이제 파트너가 발을 잡고 발 앞쪽을 안쪽 아래로 눌러주세요. 파트너는 스트레칭 동안 다리가 움직이지 않도록 요가 블록을 사용해 고정할 수 있습니다.

턱 당기기와 스트림라인 Tucking the chin and streamlining

다이빙을 하는 동안 턱을 당기게 되면 기관지가 짧아져 기관지와 폐를 스퀴즈에서 보호할 수 있습니다. 당신이 노력한다면 턱이 가슴까지 닿을 겁니다. 이것은 잠수하는 동안 흉부의 음압을 상당히 줄여줍니다. 하지만 안타깝게도 턱을 가슴까지 가져가면 팔 사이에 머리가 위치할 수 없게 됩니다. 짐작했겠지만, 이것은 저항을 유발합니다.

만약 스퀴즈가 잘 발생한다면, 저항을 감수하고 턱을 가슴까지 끌어당겨야 할 수도 있습니다. 하지만 그렇지 않다면 당신의 머리와 몸통이 일직선이 되도록 하세요.

다이빙 중에 자세를 바꾼다면 두가지 장점을 모두 누릴 수 있습니다. 최대 40m CWT PB를 가지고 있고 30m 이하에서 스퀴즈가 자주 발생하는 프리다이버라면, 40m까지 잠수하는 동안 중성 부력 구간을 넘을 때까지 턱은 당기되 유선형 자세로 하강하고 프리폴 단계에 진입 후 30m 수심에 도달하기 전 머리는 앞으로 내밀면서 턱을 가슴과 최대한 가까워지도록 당깁니다. 이렇게 하면 저항이 증가하고 하강 속도는 감소하겠지만 스퀴즈를 예방할 수 있습니다. 상승할 때 30m 위에서 중립 위치로 돌아갈 수 있습니다.

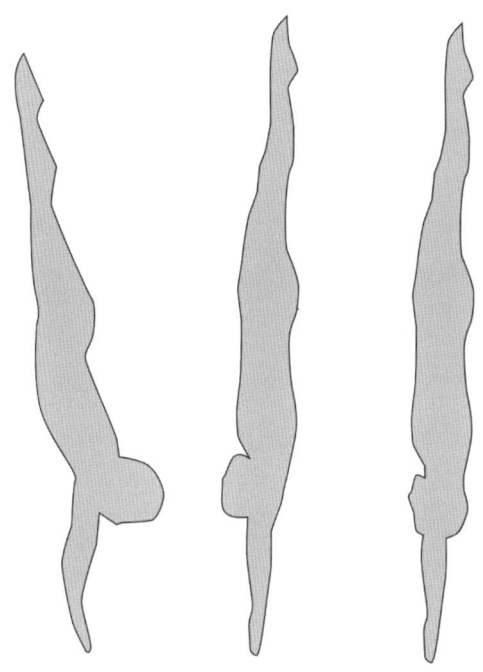

고개를 들어 진행 방향을 보는 경우(왼쪽 그림), 턱을 당긴 상태(가운데), 턱을 팔 사이에 두고 당긴 중립 상태(오른쪽). 왼쪽의 프리다이버가 스퀴즈의 위험성 및 저항이 가장 높고 가운데의 프리다이버는 스퀴즈의 위험성은 가장 낮고 저항은 중간, 오른쪽 프리다이버는 스퀴즈 위험은 낮고 저항은 가장 낮습니다.

스퀴즈가 잘 발생하는 스피어피셔는 턱을 당긴 상태로 수영하고, 조준하고, 발사하는 습관을 들일 필요가 있습니다. 만약 다이빙 중 당신이 어디로 가는지 확인하고 싶다면 머리를 가슴에 붙인 상태에서 몸통 전체를 움직이세요. 좌우로 볼 때도 기도가 상당히 늘어나기 때문에 이 또한 위험합니다. 물속에 있다면 항상 머리가 가슴에 비해 움직이지 않도록 노력하세요.

회복 운동
Recovery workout

격렬한 운동이나 다이빙 후에는 회복의 날을 가져야 합니다. 이때 단순히 쇼파에 누워 쉬는 것보다는 낮은 강도의 유산소 운동을 하면 회복이 더 빠르다는 것을 연구 결과가 보여줍니다. 첫날 격렬한 운동을 했다면 둘째 날은 회복 운동 셋째 날은 휴식이 뒤따르도록 하세요.

회복 운동은 다음번 격렬한 운동 전 당신의 근육을 리셋하는 데 도움이 됩니다. 이상적인 방법은 30~40분 정도의 낮은 강도 유산소 운동입니다. 운동 첫날 주로 사용했던 근육을 사용하는 것이 이상적입니다. 상체를 단련했다면 로잉머신은 환상적인 전신 회복 운동이 될 것입니다. 분당 22~24 스트로크를 사용하고 일정한 속도 또는 출력을 유지합니다. 일정한 랩 수영 또한 근육과 관절에 최소한의 부담을 주는 훌륭한 회복 운동입니다.

대부분의 사람들은 회복 운동으로 체육관에 갈 필요가 없는 달리거나 자전거를 타기를 선택할 것입니다. 아주 좋습니다. 낮은 강도로 30~40분간 꾸준히 운동한다면, 더 빨리 회복이라는 목표를 달성할 것입니다. 심박수 모니터가 있는 경우 최대 심박수의 60~65%로 훈련하십시오.

LONGER AND DEEPER

Part 4.

운동 스케줄 짜기

Scheduling workouts

전반적인 건강 관리를 위한 운동
Working towards general fitness

당신이 건강하다는 것을 어떻게 알 수 있을까요? 여기 쉽게 확인할 수 있는 방법이 몇 가지 있습니다. 1) 당신은 최대 심박수의 70~75%로 30분 동안 유산소 운동을 할 수 있어야 합니다. 운동 후 힘들지 않아야 합니다. 2) 3분 내에 맨몸 스쿼트 30~50개를 할 수 있어야 합니다. 3) 30초 동안 플랭크를 할 수 있어야 합니다.

만약 당신이 목표한 운동을 하기 전 체력을 더 향상시키고 싶다면 다음의 두 가지 운동 중 하나를 할 수 있습니다. 첫 번째 운동은 가벼운 유산소 운동과 다른 준비운동의 조합입니다.

일반적인 피트니스 Lv 1
- 15분 유산소 운동: 사이클링, 달리기 또는 로잉머신
- 근육 활성화 워밍업
- 가동성 워밍업
- 선택사항: 정리 운동

특정한 운동을 더 짧거나 쉽게 해도 괜찮습니다. 예를 들어, 런지를 조금 덜 깊게 하거나 게걸음을 2분 대신 1분 정도만 할 수도 있습니다.

다음은 목표한 운동보다 무게는 적게 들고 반복을 더 많이 하는 훈련 방법입니다. 1RM의 50%로 리프팅하는 이유는 두 가지가 있습니다. 첫

째, 지근 섬유와 속근 섬유를 모두 활성화할 수 있습니다. 둘째, 무게를 줄이면 부상당할 위험도 적어집니다. 우선 당신의 전반적인 체력이 증가하고 나면, 중량을 높일 수 있습니다.

일반 피트니스 Lv 2

- 워밍업
- 데드리프트(50% 1RM) - 2 x 8~15회
- 스쿼트(50% 1RM) - 2 x 8~15회
- 푸시업 - 2 x 8~15회
- 케틀벨 스윙 - 4~6 x 15초 (2~3분)
- 인터벌 - 4~8 x 1-2분 스프린트 (2~4분 휴식)
- 정리 운동
- 만약 워밍업 후 운동을 시작할 때 인터벌을 먼저 하는 게 더 편하다면 순서를 바꿔도 괜찮습니다. 또는 날짜별로 스프린트의 반복 횟수를 늘려도 됩니다. 당신이 원하는 대로 이 운동들을 조정할 수 있다는 것을 기억하세요.

CO$_2$ 내성과 호흡인지 훈련 계획
Scheduling CO$_2$ tolerance and breath awareness

당신은 현재 체격에 상관없이 더 나은 브리더Breather가 될 수 있습니다. 프라나야마, CO$_2$ 내성, 그리고 다른 호흡 운동을 규칙적으로 연습해야 합니다. 매일 간단한 호흡 운동을 하고 일주일에 두 번 CO$_2$ 내성 훈련을 하는 것을 추천합니다.

여느 운동과 마찬가지로 운동 강도를 줄이면 더 자주 할 수 있습니다. 예를 들어, 당신이 3분 15초간 숨을 참는 CO$_2$ 테이블을 할 수 있다면 숨 참는 시간을 3분으로 낮추고 일주일에 3번 이 테이블을 반복하세요. 대신 나머지 날에는 다른 방식의 CO$_2$ 내성 훈련을 할 수 있습니다. 사람들이 말하듯 다양함은 인생의 향신료입니다.

일상 루틴
Daily rituals

훈련을 최대한 활용하려면 다음 중 몇 가지를 일일 루틴으로 만들어야 합니다.

- 휴식 심박수 또는 심박수 변동성을 확인해 훈련 강도를 결정합니다.

- 스트레칭
- 명상
- 숨참기

당신은 폐용량 늘리기, 저항 극복을 위한 스트레칭 또는 CO_2 내성 훈련 섹션에서 운동을 선택할 수 있습니다. 매일 해야 하는 운동이니 원하는 것을 고르세요.

휴식기 심박수 또는 심박수 변동성 테스트는 아침에 하는 것이 가장 좋습니다. HRV4 트레이닝 앱을 사용하는 것을 추천하지만 당신이 원하는 앱이나 방법을 사용해도 됩니다.

매일 5분씩 늑간근 스트레칭을 하는 것은 장기적으로 흉부를 더 유연하게 만들어줍니다. 당신이 가장 좋아하는 스트레칭을 선택하고 약 45초씩 각각의 자세를 유지하세요.

명상은 명상을 하는 동안뿐만 아니라 하루 종일 평온함과 휴식을 만들어 줍니다. 개인적으로 저는 명상을 꾸준히 하면 숨참기가 더 편안해지고 컨트랙션도 늦게 시작된다는 것을 알게 되었습니다. 안내된 명상을 선택하거나 프라나야마 앱을 사용하거나 만트라를 반복하거나 묵상을 할 수 있습니다. 프리다이빙을 목표로 하는 명상은 교호 호흡이나 다른 요기 호흡을 포함할 수 있습니다.

일상 루틴의 훌륭한 보완물은 숨을 참는 것입니다. 측정된 시간과 심박수 또는 심박수 변동성을 함께 기록합니다. 옥시미터를 사용하면 SaO_2도 기록할 수 있습니다.

15분짜리 이상적인 아침 루틴을 소개합니다.
- HRV 측정
- 옥시미터를 사용해 측정하며 한 번의 최대 숨참기
- 5분 자유 명상 (혹은 요기 호흡)
- 옆, 뒷 부분 늑간근 스트레칭

저의 아침 루틴을 소개합니다.
- 저는 비틀거리며 침대에서 일어나 커피 머신을 향해 직진합니다. 그리고 포스트잇에 적힌 메모를 확인합니다 "HRV 측정"
- 메모 덕분에 잊지 않고 HRV를 측정합니다.
- 측정 후 커피로 카페인을 수혈하고 아침을 먹습니다.
- 15분 스트레칭 루틴을 합니다.

만약 당신이 저와 같은 아침형 인간이라면 침대에서 바로 루틴을 진행할 수도 있습니다. 저녁에 하는 게 좋다면 저녁에 해도 되지만, 심장 박동 수는 아침 일찍 측정하고 그날의 운동 강도를 결정하십시오. 측정이 일관되도록 매일 같은 시간에, 예를 들면 매일 11시에 심박수와 심박수 변동성을 측정하는 것이 좋습니다.

훈련 예시
Example workouts

만약 당신이 좋은 기초 체력을 가지고 있고 좋은 자세로 모든 운동을 할 수 있다면 좀 더 구체적인 운동으로 넘어갈 수 있습니다. 이러한 표적 운동은 특정 근육 또는 O_2 전달 시스템에 초점을 맞춥니다. 예를 들면:
1. 프리다이빙을 위한 ATP-CP 훈련은 ATP-CP 시스템에 초점을 맞춥니다.
2. 프리다이빙을 위한 젖산 훈련은 젖산 시스템에 초점을 맞춥니다.
3. 프리다이빙을 위한 저산소증 및 CO_2 훈련은 근육의 저산소증과 CO_2 내성 키우기에 초점을 맞춥니다.
4. 그 결과 향상된 브리더가 됩니다.

당신에게 맞는 프로그램을 디자인하기 위해 이러한 특정 운동들을 섞거나 매치할 수 있습니다. 가장 중요한 것은 당신이 훈련을 즐겨야 한다는 것입니다.

프리다이빙을 위한 ATP-CP 훈련
- 준비운동
- 데드리프트(80-95%) - 2~3×3회(2-3분)
- 스쿼트(80-95%) - 2~3×3회(2-3분)
- 케틀벨 스윙 - 1~2×8~15회

- 푸시업(옵션) - 1~2×8~15회
- 정리운동

준비운동으로 움직임의 범위와 가동성 워밍업 또는 근육 활성화 워밍업 중 하나를 선택할 수 있습니다.

프리다이빙을 위한 젖산 훈련
최고의 젖산 훈련 중 하나는 달리기 트랙에서 간단하게 할 수 있습니다.
- 준비운동
- 스프린트 - 템포 200s 또는 스프릿 400s
- 정리운동

프리다이빙을 위한 저산소 및 CO_2 훈련
다음의 운동은 저산소 스쿼트와 CO_2 내성 훈련을 포함하고 있습니다.
- 준비운동
- 동적 프라나야마
- 저산소 스쿼트 - 12회
- 카팔바티 호흡 - 100회
- 정복자 호흡 - 10회
- 회복 운동 - 15분간 천천히 사이클링 또는 러닝

저산소 스쿼트는 다른 운동을 하기 전에 할 수도 있지만 추천하는 방법은 아닙니다. 저산소 스쿼트를 하는 동안 많은 대사 노폐물이 대퇴사근에 축적되어 결과적으로 다른 운동이 힘들어질 수 있기 때문입니다. 카팔바티, 정복자 호흡 및 사이클링 또는 러닝은 당신의 다리가 저산소 스쿼트로부터 회복되도록 돕습니다.

향상된 브리더 되기

순수하게 향상된 브리더가 되기 위해 운동을 통합할 수도 있습니다. 리커버리 데이 또는 매일 다음과 같은 운동을 할 수 있습니다.

- 움직임 범위(동적) 웜업
- 어깨 스트레칭
- 전거근 운동
- 늑간근 운동
- 가동 범위 끝 운동
- 옵션: 렁패킹
- 요기 호흡법: 교호 호흡과 카파발티

운동 및 회복 계획하기
Scheduling exercise and recovery

훈련을 계획하는 것은 자신의 컨디션을 유지할 수 있는 좋은 방법입니다. 본인에게 맞는 계획이 가장 좋습니다. 그래야 운동을 멈추지 않고 오랜 시간 동안 유지하게 될 것입니다.

다음은 일주일에 두 번은 긴 운동을 할 수 있고 다른 날에는 30분 정도의 여유가 있는 다이버를 위한 주간 훈련 계획입니다.

주간 스케줄 예시 (1)
- 월요일 - 체육관 운동(85% 1RM)
- 화요일 - 휴식, 요기 호흡 30분
- 수요일 - 회복 자전거 타기(30분, 최대 심박수 기준 60%)
- 목요일 - 달리기
- 금요일 - 휴식, 요기 호흡 30분
- 토요일 - 회복 자전거 타기(30분, 최대 심박수 기준 60% hr max)
- 일요일 - 저산소 스쿼트

위 표에서 볼 수 있듯이 힘든 운동 하루, 휴식 및 호흡 운동 하루, 그리고 회복 및 유산소운동 하루의 스케줄로 진행됩니다.

ATP-CP 시스템 훈련에 관심이 없다면 월요일과 목요일 운동을 저산소 스쿼트 세트, 동적 CO_2 운동 및 인터벌 트레이닝으로 대체할 수 있습니다. 예를 들면 다음과 같습니다.

주간 스케줄 예시 (2)
- 월요일 - 저산소 스쿼트, 동적 CO_2, 인터벌 트레이닝
- 화요일 - 휴식, 요기 호흡 30분

- 수요일 - 회복 자전거 타기(30분, 최대 60% hr max)
- 목요일 - 저산소 스쿼트, 동적 CO_2, 인터벌 트레이닝
- 금요일 - 휴식, 요기 호흡 30분
- 토요일 - 회복 자전거 타기(30분, 최대 60% hr max)
- 일요일 - 휴식, 요기 호흡 30분

다시 한번 말하지만, 본인이 적합하다고 생각하는 대로 일정을 조정하되 적어도 몇 달 동안은 일정하게 유지해야 합니다. 이를 통해 훈련이 다이빙에 미치는 영향을 평가할 수 있습니다. 효과가 있나요? 만약 효과가 없다면 강도, 규칙성을 조절하거나 다른 운동을 선택해야 합니다.

문제 해결하기
Trouble shooting

모든 다이버는 다르기 때문에 서로 다른 이유로 정체기에 도달할 것입니다. 다음 표에서는 교육에 집중하기 위한 몇 가지 일반적인 문제와 제안 사항을 확인할 수 있습니다.

문제점	해결 방안
이른 컨트랙션	ATP-CP 시스템 훈련: 근육의 ATP-CP 증가는 초기 이산화탄소 생성을 감소시킴, 횡격막 스트레칭
일반적인 컨트랙션	CO_2 내성 운동, 횡격막 스트레칭
하강 중 근육 열감	ATP-CP 시스템 훈련: 젖산 시스템에 대한 의존도를 줄입니다. 젖산 훈련: 장시간 무산소 대사를 위해 근육을 적응시킵니다.
근육 열감, 통증, 실패	저산소 스쿼트: 국소 저산소증에 근육을 적응시킵니다.
저산소, LMC, BO	혈액질 증가시키기, 다이빙 반사를 위한 RV 압네아워킹, 국소 저산소증에 대한 근육 적응을 위한 저산소 스쿼트

훈련 기록 예시
Training log example

여기서는 프리다이버 제나Jenna의 로그북을 예로 설명해 드립니다. 제나는 일주일에 세 번 정도 본 운동을 하고 다른 날에는 스트레칭, 테이블 훈련 등을 위해 약 30분 정도 시간을 갖습니다. 제나는 훈련 강도를 결정하기 위해 아침에 심박수 변동(HRV)과 휴식 심박수(RHR)를 측정합니다.

제나는 연속된 다이빙 세션에서 평균 다이빙 시간과 깊이로 진행 상황을 추적합니다. 그녀의 마지막 다이빙 세션의 평균 시간과 깊이는 1:10분,

18m였습니다. 여기 그 다이빙 세션에 대한 몇 가지 메모가 있습니다.

6월 12일 토요일 Wildum 포인트에서 5mm 슈트, 9파운드(4kg) 웨이트, 바이핀을 사용하여 레크리에이션 다이빙.

워밍업 다이빙: 총 4회
총 다이빙: 24회
평균 다이빙 시간: 1:10분
평균 다이빙 깊이: 18m
최대 잠수 시간: 1:29
최대 깊이: 23m

오늘은 기분이 좋았고 다이빙 전 평상시와 같이 스트레칭 루틴을 했다. 2시간 전부터 음식은 먹지 않았다. 평균 잠수 시간은 그동안 정체되어 있었지만, 평균 수심이 3m 증가했다. 깊이에 따라 45초 정도부터 컨트랙션이 시작되는 것 같다. 보통 스테틱 때는 2분이 지나야 컨트랙션이 온다. 왜 컨트랙션은 레크리에이션 다이빙을 하는 동안 더 일찍 시작할까?

제나는 다음 다이빙 세션까지 2주 동안 ATP-CP 시스템 훈련과 CO_2 내성 훈련을 하기로 결정했습니다.

6월 14일 월요일. HRV = 정상, RHR = 정상

〈오후 5시 운동〉
- 가동 범위 워밍업
- 3×3 데드리프트, 2분 회복, 70kg(90%)
- 3×3 스쿼트, 2분 회복, 40kg(90%)
- 3×15 케틀벨 스윙, 2분 회복, 7kg
- 스프린트, 2분 스프린트, 1분 회복, 8회 반복
- 폼롤링 사용 정리운동

너무 무리한 것 같다, 스프린트와 무거운 중량 운동 두 가지 다 한 게 좀 과했다. 다음부터는 스프린트 대신 동적 프라나야마로 바꿔야겠다.

6월 15일 화요일. HRV = 낮음, RHR = 높음

〈오전 10시 운동〉
- 관절 가동 범위 워밍업
- 가동 범위 끝 호흡 운동
- 늑간근 및 어깨 스트레칭

근육통이 있다. 매일 가동 범위 워밍업을 꾸준히 해야겠다. 뻣뻣한 다리에 도움이 되는 것 같다.

6월 16일 수요일. HRV = 보통, RHR = 높음

〈오후 3시 운동〉
- 회복 달리기, 30분, 60% 강도

수요일부터 통증이 심하다 (RHR에 반영된 것일까?)

6월 17일 목요일. HRV = 보통, RHR = 보통

〈오후 5시 운동〉
- 가동 범위 워밍업
- 3×3 데드리프트, 2분 회복, 70kg(90%)
- 3×3 스쿼트, 2분 회복, 40kg(90%)
- 3×15 케틀벨 스윙, 2분 회복, 7kg
- 동적 프라나야마, max = 130watts, 분당 7회 호흡
- 폼롤링 사용 정리 운동

동적 프라나야마는 내가 생각한 것보다 훨씬 힘들었지만 월요일 운동과 비교해 훨씬 수월했다.

6월 18일 금요일. HRV = 보통, RHR = 높음

- 관절 가동 범위 워밍업
- 교호 호흡, 8:4:12:4(15분)

어제 이후로 컨디션이 좋다.

6월 19일 토요일. HRV = 낮음, RHR = 보통

- 가동 범위 워밍업
- 스프린트: 2분 스프린트, 1분 회복, 10회 반복
- 폼롤링 쿨다운 및 스트레칭

생각보다 너무 힘들었다. 오늘 아침 HRV를 고려했을 때 좀 더 낮은 강도로 했어야 했다.

6월 21일 월요일. HRV = 보통, RHR = 보통

⟨오후 5시 운동⟩
- 가동 범위 워밍업
- 3×3 데드리프트, 2분 회복, 70kg(90%)
- 3×3 스쿼트, 2분 회복, 47kg(90%)

- 3×15 케틀벨 스윙, 2분 회복, 7kg
- 동적 프라나야마, max = 140watts, 분당 7회 호흡
- 폼롤링 쿨링다운

좋았다. 스쿼트 중량을 조금 늘렸고 데드리프트는 그대로 진행했다. 다음 번에는 케틀벨 중량을 늘려야겠다. 실내 자전거 140watt 동적 프라나야마를 성공했다.

6월 22일 화요일. HRV = 보통, RHR = 높음

〈오전 10시 운동〉

- 가동 범위 워밍업
- 가동 범위 끝 호흡 운동
- 교호 호흡, 8:4:12:4(10분)

6월 23일 수요일. HRV = 보통, RHR = 보통

〈오후 3시 운동〉

- 회복 달리기, 30분, 60% 강도

초반엔 뻣뻣한 느낌이 들었지만 10분 후부터 좋았다.

6월 24일 목요일. HRV = 보통, RHR = 보통

〈오후 5시 운동〉
- 가동 범위 워밍업
- 3×3회 데드리프트, 2분 회복, 70kg(90%)
- 3×3 스쿼트, 2분 회복, 47kg(90%)
- 3×15 케틀벨 스윙, 2분 회복, 9kg
- 동적 프라나야마, max = 140watts, 분당 7회 호흡
- 폼롤링 쿨링다운

케틀벨 중량을 2kg 늘렸다. 데드리프트는 여전히 꽤 무겁게 느껴진다.

6월 25일 금요일. HRV = 보통, RHR = 높음

〈오전 10시 운동〉
- 가동 범위 워밍업
- 교호 호흡, 8:4:12:4(15분)
- 늑간근 스트레칭

드디어 내일 다이빙 간다!

6월 26일 토요일. Winger place, 5mm 슈트, 4kg 웨이트, 바이핀, 레크리에이션 다이빙

워밍업 다이빙: 3회
총 다이빙: 26회
평균 다이빙 시간: 1:15분
평균 다이빙 깊이: 19m
최대 다이빙 시간: 1:45
최대 다이빙 깊이: 23m

다이빙 전 평소 하던 대로 스트레칭 루틴을 했고 다이빙 2시간 전부터 음식을 먹지 않았다. 평균 다이빙 깊이와 다이빙 시간이 모두 조금 늘었는데 (1m, 5초) 훈련 효과인지는 아직 잘 모르겠다. 다음 다이빙 세션에서 다시 확인해야겠다. 최대 잠수 시간은 15초나 늘었다!

더 중요한 것은 다이빙이 편안해졌고 세션이 끝날 때까지 전보다 덜 피곤했다는 것이다. 다음부터 컨트랙션이 언제 오는지 더 잘 살펴봐야겠다.

교차 훈련의 경우, 훈련의 효과가 무엇인지 즉시 알 수 없습니다. 제나는 훈련으로부터 긍정적인 효과를 경험한 것 같습니다. 하지만 그녀가 지적했듯이 2주 만의 훈련으로 결과를 말하기에는 좀 이릅니다. 몇 주 더 연습하고 다이빙 세션을 진행하면 이러한 훈련들이 그녀의 최대 다이빙 시

간을 향상시키는 데 도움이 됐는지 알 수 있을 것입니다.

이상적인 교차 훈련 일정을 찾기 위한 노력은 항상 진행 중인 실험입니다. 당신이 언제 무엇을 하는지 추적하지 않으면 그것이 효과가 있는지 알 수 없습니다. 로그북 작성을 시작해 보세요!

보충제
Supplementation

스포츠에서의 보충제는 복잡할 필요가 없습니다. 이상적인 보충제는 개인에 따라 다르며 저에게 효과가 있는 것이 당신에게는 효과가 없을 수도 있습니다.

그럼에도 불구하고 여기 몇 가지 명심해야 할 일반적인 요점이 있습니다:

- 보충제는 경우에 따라 악영향을 미칠 수 있고 극단적인 경우에는 위험할 수도 있습니다. 약을 먹기 전에 항상 의사와 상의하세요.
- 두 가지 보충제를 동시에 복용하지 마십시오. 부작용이 있을 경우 어떤 보충제가 이를 유발하는지 알 수 없습니다.
- 단백질이 없으면 근육도 없습니다. 몸은 근육을 만들기 위해 충분한 단백질을 필요로 합니다. 또한 훈련 후 근육을 회복시키기 위해서도 단백질이 필요합니다.
- 철분이 없으면, 글로빈도 없습니다. 헤모글로빈(혈액)과 미오글

로빈(근육)의 헴heme 그룹은 철로 구성되어 있습니다. 철분이 없다면 신체는 헤모글로빈이나 미오글로빈을 생성하지 않을 것입니다. 당신은 보통의 식단에서 잎이 무성한 녹색 채소로부터 충분한 철분을 섭취할 수 있지만, 헤모글로빈이나 미오글로빈을 늘리기 위해 철분 보충제가 필요할지도 모릅니다.

크레아틴 보충제 Creatine supplementation

크레아틴은 근육의 CP 양을 증가시키는 보충제입니다. ATP-CP 시스템을 기억하나요? ATP-CP 시스템은 크레아틴 보충제로부터 힘을 얻습니다. ATP-CP 시스템이 증가하면 하강 중에 산소를 덜 사용하고 생성되는 이산화탄소의 양도 감소하게 됩니다.

크레아틴은 매우 뜨겁지 않으면 물에 쉽게 녹지 않습니다. 크레아틴을 섭취하는 가장 쉬운 방법은 차나 커피에 타서 마시는 것입니다. 식사와 함께 먹으면 소화불량으로 이어지지 않습니다. 약 40년간의 연구 결과 크레아틴은 운동선수를 위한 가장 안전한 보충제 중 하나라는 것이 밝혀졌습니다. 하지만 얼마나 섭취해야 할까요?

만약 당신이 상대적으로 훈련되지 않은 경우 '로딩 기간'부터 시작할 수 있습니다. 조사를 해보면 로딩 기간에 대한 논쟁이 있다는 것을 알 수 있을 것입니다. 로딩 단계에서 크레아틴을 많이 복용하더라도 실제로 크레아틴 저장소를 훨씬 많이 증가시키지 않는다는 몇몇 연구들이 있지만 크레아틴을 많이 복용해도 별다른 부작용은 없기 때문에 시도해 볼 만합니다.

로딩 단계: 5~7일 동안 체중 kg당 0.3g 섭취

초기 로딩 단계 후에 크레아틴을 하루에 3g~ 5g씩 복용하세요. 크레아틴 보충제의 효과는 3~6주 이내에 발휘되며 수개월은 아니더라도 몇 주 동안 지속되어야 합니다. 만약 당신이 일 년 내내 크레아틴 복용을 원하지 않는다면, 크레아틴을 2개월 복용하고 1~2개월 중단하는 방법을 사용할 수 있습니다.

크레아틴은 훌륭한 보조제이며 프리다이빙 선수들이 크레아틴을 복용하지 않을 이유가 없습니다. 사실상 단점이 없고 측정 가능한 장점만 있습니다.

크레아틴을 강도 높은 중량운동과 함께 6주 동안 사용했더니(ATP-CP 시스템을 향상시키기 위해), 일정 훈련 후에도 산소 포화도가 그전만큼 줄어들지 않는 것을 확인했습니다. 제 프리다이빙 로그북을 확인해보니 이 시기는 지금까지 했던 것 중 가장 다이빙 시간이 길었던 기간이기도 합니다.

단백질 보충제 Protein supplementation

당신의 몸은 성장하고 근육을 회복하기 위해 단백질이 필요합니다. 근육을 키우려면 목표 무게 kg당 2.2그램의 단백질을 섭취하세요. 체중이 70kg이고 5kg의 근육을 늘리려면 하루에 약 75 × 2.2g = 165g을 섭취해야 합니다. 그리고 이것은 보충제라는 것을 기억하세요, 당신은 단백질을 먹는 것만으로 근육을 키울 수 없습니다. 운동도 해야 합니다. 운동하지 않고 단백질을 많이 먹으면 살만 찔 뿐입니다.

단백질 보충제는 세 가지 형태로 나옵니다. 1) 계란, 우유, 콩, 고기, 해산물 그리고 당신이 이미 먹고 있을지도 모르는 단백질이 풍부한 다른 음식들입니다. 2) 유청 단백질, 이것은 대량의 인슐린과 설탕 스파이크를 일으킵니다. 3) 카세인 단백질은 유장보다 느리게 분비되어 유장만큼 빠르게 몸에 흡수되지 않습니다.

저는 당신이 언제 얼마나 많은 단백질을 섭취해야 하는지에 대한 정보를 찾지 않을 것을 제안합니다. 왜냐하면 엄청난 양의 모순된 충고를 발견하게 될 것이고 그것에 의해 지연될 것입니다. 여기 코스그로브Cosgrove와 슐러Schuler의 『새로운 리프팅 규칙』The new rules of lifting과 로워리Lowery와 안토니오Antonio의 『식이단백질과 중량 운동』Dietary protein and resistance exercise이라는 책에서 일부 인용한 간단한 규칙들이 있습니다.

- 근육을 늘리기 위해 목표 체중 kg당 2.2g, 근육을 유지하기 위해 kg당 2g의 단백질을 충분히 섭취하세요.
- 아무때나 단백질을 섭취해도 됩니다.
- 당신에게 효과가 있는 단백질을 섭취하세요. 카제인, 유청, 계란 등 당신이 좋아하는 것을 먹되 식단의 다양성을 유지하도록 하세요.

철분 보충제 Iron supplementation

헤모글로빈과 미오글로빈은 모두 철분이 풍부하고 산소를 운반합니다. 혈액의 질은 보충제 없이는 치솟지 않으며 미오글로빈 수치도 마찬가지 입니다.

얻을 것이 많지만 철분 보충제는 모두를 위한 것은 아닙니다. 철분 섭취의 증가는 간, 췌장, 심장 및 대사 문제로 이어질 수 있습니다.

신체는 철분을 페리틴Ferritin이라고 불리는 단백질에 저장합니다. 페리틴은 철의 결핍과 과부하에 대한 완충제 역할을 합니다. 예를 들어, 페리틴은 비록 당신이 여분의 철분을 섭취하지 않더라도 헌혈 1주일 후 대부분의 적혈구가 보충될 수 있도록 해줍니다.

당신이 최고 수준의 프리다이빙 선수 또는 정기적으로 헌혈하는 경우라도 추가적인 철분은 필요하지 않을 것입니다.

하지만 만약 당신이 섭취하기로 결정한다면, 여기 몇 가지 조언이 있습니다:

- 부작용이 없다는 것을 확인하기 위해 정기적으로 병원에서 혈액 검사를 받으세요.
- 철은 필요한 곳으로 갑니다. 혈액질을 높이고 싶다면 최소한 이틀에 한 번씩 SaO_2=70%가 될 때까지 RV 스테틱을 8~12회 반복하십시오. 미오글로빈을 증가시키고 싶다면 가능한 SaO_2를 높게 유지하면서 저산소 스쿼트 세트를 일주일에 3번 SmO_2=15% 로 하십시오. 근육 산소 모니터와 옥시미터를 모두 사용하는 것이 이상적입니다.
- 시작하기 전에 고지 사항을 다시 읽어보시고 병원에서 검사 받는 것을 잊지 마세요.

기타 인기 보충제 Other popular supplementation

산화 스트레스를 줄이기 위한 항산화제
Antioxidants to reduce oxidative stress

산화 방지제는 저산소증 직후에 발생하는 산화 손상을 억제하는 데 도움이 될 수 있습니다. 많은 프리다이버들이 스피루리나 또는 녹차 추출물과 같은 항산화제가 풍부한 보충제를 복용합니다(녹차 추출물에는 다량의 카페인이 함유되어 있습니다).

최근 연구에 따르면[17] 운동 후 녹차 보충제를 복용한 경우에도 근육의 산화 스트레스가 줄어들지 않았다고 합니다. 하지만 또 다른 연구에서는 녹차 보충제 섭취 후, 뇌의 산화 스트레스가 감소된 것을 보여주었습니다. 간단히 말해서 녹차에 들어 있는 산화 방지제는 뇌를 보호할 수는 있지만 다이빙 후 통증이나 피로를 해결해 주지 않습니다.

산소 소비를 줄이기 위한 식이 질산염
Dietary nitrate to lower oxygen consumption

질산염은 다양한 조건에서 운동으로 인한 산소 소비를 줄이는 것으로 알려져 있습니다. 2017년 한 연구에서[18] 농축된 비트로 만든 질산염 섭취 후 실시한 DYN 75m 동안 산소 소비가 줄어든 것이 밝혀졌습니다. 하지

---

17 Silva et al., 2018. Effect of green tea extract supplementation on exercise-induced delayed onset muscle soreness and muscular damage, Physiology & Behavior 194 77-82

18 Patrician & Schagatay, 2017. Dietary nitrate enhances arterial oxygen saturation after dynamic apnea. Scandinavian journal of medical science and sports 27, 622-626

만 질산염으로 산소가 보존되는 메커니즘은 아직 명확하지 않습니다.

몸을 따뜻하게 하는 생강 Ginger to stay warm

차가운 물에서 활동하는 다이버들은 생강을 '발열체'로 생각합니다. 그것은 차가운 물에서 오랜 시간 동안 당신을 따뜻하게 해줄 것입니다. 이것은 연구 결과로 증명된 사실이며 약간의 대가가 따릅니다. 생강 섭취 후 나타나는 즉각적인 효과는 생강을 소화시키는 과정에서 나타나는 것으로 소화를 위해 신진대사가 증가합니다. 6°C 수온의 물에서 잠수한다면, 저는 기쁘게 그 대가를 치를 것입니다.

맺음말 Afterword

제가 프리다이빙을 시작했을 때 있었으면 하고 생각했던 책을 당신은 이제 읽었습니다. 제가 즐거운 마음으로 쓴 만큼 당신도 재미있게 읽었기를 바랍니다.

다이빙을 즐기고 안전 수칙을 준수하세요. 실력 향상을 원한다면 성과와 훈련을 기록하고 추적하세요. 당신이 훈련과 통계를 자주 분석하지 않는다면 실력 향상은 불가능합니다. 하지만 무엇보다도 그저 계속 즐기면서 다이빙하시길 바랍니다.

질문, 아이디어, 그리고 제안을 환영합니다:
dperfreedive@gmail.com / info@freedivewire.com

참고자료 References

저는 책을 읽기 쉽게 하기 위해 본문 내에 참고자료에 대한 자세한 언급을 넣지 않았습니다. 그것은 제가 다른 자료들을 참고하지 않았다는 것이 아니며 아래 자료들의 도움이 없었다면 이 책을 쓸 수 없었을 것입니다. 중요한 자료는 굵은 글씨로 표시했습니다. 각주에서 제공된 참고자료는 여기 표기하지 않았습니다.

Abrahamsson, E. and Schagatay, E. 2014. A living based on breath hold diving in the Bajau Laut, Human Evolution, v. 29 n 1-3 (171-183)

Péronnet, F. Aguilaniu, B., 2006, Lactic acid buffering, nonmetabolic CO_2 and exercise hyperventilation: A critical reappraisal: Respiratory physiology and neurobiology, v. 150, p. 4–18, doi: 10.1016/j.resp.2005.04.005.

Barrow, A., and Pandit, J.J., 2014, Lung ventilation and the physiology of breathing: Surgery (United Kingdom), v. 32, p. 221–227, doi: 10.1016/j.mpsur.2014.02.010.

Croll, D.A., Acevedo-gutierrez, A., Tershy, B.R., and Urban-Ramırez, J., 2001, The diving behavior of blue and fin whales: is dive duration shorter than expected based on oxygen stores ?

Fattah, E., 2012, Holistic Freediving: self-published, 87 p.

Ferretti, G., 2001, Extreme human breath-hold diving: European Journal of Applied Physiology, v. 84, p. 254–271, doi: 10.1007/s004210000377.

Ferretti, G., 2015, Energetics of muscular exercise: 1-180 p., doi: 10.1007/978-3-319-05636-4.

Kanatous, S.B., Davis, R.W., Watson, R., Polasek, L., Williams, T.M., and Mathieu-Costello, O., 2002, Aerobic capacities in the skeletal muscles of Weddell seals: key to longer dive durations? The Journal of Experimental Biology, v. 205, p. 3601–3608.

Karp, J. R., 2001. Muscle Fibre Types and Training. Track Coach. doi: 155:4943-4946.

Kenny, Wilmore, and Costill, 2011, Physiology of sport and exercise: Human kinetics.

Kooyman, G.L., and Ponganis, P.J., 1998, The physiological basis of diving to depth: birds and mammals.: Annual review of physiology, v. 60, p. 19–32, doi: 10.1146/annurev.physiol.60.1.19.

Linér, M.H., and Andersson, J.P.A., 2010, Glossopharyngeal Insufflation in a Breath-Hold Diver: v. 81, p. 15–17, doi: 10.3357/ASEM.2571.2010.

McDonald, B.I., and Ponganis, P.J., 2013, Insights from venous oxygen profiles: oxygen utilization and management in diving California sea lions: Journal of Experimental Biology, v. 216, p. 3332–3341, doi: 10.1242/jeb.085985.

Meir, J.U., Robinson, P.W., Vilchis, L.I., Kooyman, G.L., Costa, D.P., and

Ponganis, P.J., 2013, Blood Oxygen Depletion Is Independent of Dive Function in a Deep Diving Vertebrate , the Northern Elephant Seal: v. 8, p. 8–13, doi: 10.1371/journal.pone.0083248.

Mijacika, T., Kyhl, K., Frestad, D., Barak, F.O., Drvis, I., and Secher, N.H., 2017, Respiratory Physiology & Neurobiology Effect of pulmonary hyperinflation on central blood volume : An MRI study: v. 243, p. 92–96, doi: 10.1016/j.resp.2017.05.012.

Muth, C.M., Radermacher, P., Pittner, A., Steinacker, J., Schabana, R., Hamich, S., Paulat, K., and Calzia, E., 2003, Arterial blood gases during diving in elite apnea divers: International Journal of Sports Medicine, v. 24, p. 104–107, doi: 10.1055/ s-2003-38401.

Polasek, L.K., Frost, C., David, J.H.M., Meyer, M.A., and Davis, R.W., 2016, Myoglobin Distribution in the Locomotory Muscles of Cape Fur Seals (Arctocephalus pusillus pusillus): Aquatic Mammals, v. 42, p. 421–427, doi: 10.1578/AM.42.4.2016.421.

Ponganis, P.J., Meir, J.U., and Williams, C.L., 2011, In pursuit of Irving and Scholander: a review of oxygen store management in seals and penguins: Journal of Experimental Biology, v. 214, p. 3325–3339, doi: 10.1242/jeb.031252.

Reed, J.Z., Butler, P.J., and Fedak, M.A., 1994, The Metabolic Characteristics of the Locomotory Muscles of Grey Seals (Halichoerus-Grypus), Harbor Seals (Phoca-Vitulina) and Antarctic Fur Seals

(Arctocephalus-Gazella): Journal of Experimental Biology, v. 194, p. 33–46.

Ridgway, L., Mcfarland, K., Ridgway, L., and Mcfarland, K., 2017, Apnea Diving : Long-Term Neurocognitive Sequelae of Repeated Hypoxemia doi: 10.1080/13854040590947407.

Sasaki, C.T., Hundal, J.S., Wadie, M., Woo, J., and Rosenblatt, W., 2009, Modulating Effects of Hypoxia and Hypercarbia on Glottic Closing Force: v. 118, p. 148–153.

Severinsen, S., 2012, Breatheology: Idelson-Gnocchi Publisher Ltd.

Tovaglieri, P.&, 2016, Manual of Freediving: Idelson-Gnocchi Publisher Ltd.

Trassinelli, M., 2016, Energy cost and optimisation in breath-hold diving: Journal of Theoretical Biology, v. 396, p. 42–52, doi: 10.1016/j.jtbi.2016.02.009.

Winter, S., 2014, A Living Based on Breath-Hold Diving in the Bajau Laut: Human Evolution, v. 29, p. 171–184.